Santiago, westwärts

Dorothea Braun

Pattloch

Geschieht es jetzt nicht,
so geschieht es doch einmal in Zukunft.
In Bereitschaft sein, ist alles!

Shakespeare, Hamlet

Meiner Freundin Gundula

Die Deutsche Bibliothek – CIP-Einheitsaufnahme

Braun, Dorothea:
Santiago, westwärts / Dorothea Braun. –
Augsburg : Pattloch, 1996
(Edition Spiritualität)
ISBN 3-629-00703-1

Pattloch Verlag, Augsburg

Umschlaggestaltung: Steinkämper/Lohmann, Igling
unter Verwendung eines Bildes von TCL/Bavaria
Satz: Gesetzt in Schneidler und Rotis von
Utesch Satztechnik GmbH, Hamburg
Druck und Bindung: Clausen & Bosse, Leck
Printed in Germany

ISBN 3-629-00703-1

Inhalt

INHALT

1. Einleitung

Im 9. Jahrhundert nach Christus wurde in Galicien, im westlichsten Zipfel Europas, ein Apostelgrab entdeckt. Ein Bischof prüfte und bestätigte den Fund der Gebeine des Apostels Jakobus, eine erste Kirche entstand um die wertvolle Reliquie – Santiago de Compostela heißt nichts anderes als »Saint Yago«, Heiliger Jakob, und »Compostela« wird sowohl auf »Compostum«, Friedhof, wie auf »Campus Stellae«, Sternenfeld, zurückgeführt, da die heiligen Gebeine in einer vergessenen römischen Gräberstätte durch Licht- und Sternerscheinungen gefunden wurden.

Nach und nach entwickelte sich die Pilgerschaft nach Santiago de Compostela. Dem europäischen Mittelalter war die Wallfahrt zu Reliquien um Sündenerlaß und Gebetserhörungen eine vertraute Angelegenheit. Historiker berechneten, daß zwischen dem 11. und 13. Jahrhundert rund ein Drittel der westlichen Christenheit als Wallfahrer unterwegs war – Millionen davon »auf Sankt Jakobs Straßen«. Der »Jakobsweg« war im Mittelalter so bedeutend wie die Pilgerwege nach Rom und Jerusalem, ist jedoch wesentlich älter.

Da das 9. Jahrhundert für Spanien zugleich die Zeit der »Reconquista«, heftigster Glaubenskämpfe zwischen den moslemischen Mauren und der römischen Christenheit war, so tritt uns, wenn wir heute all die vielen Bildnisse des Saint Yago sehen, dieser nicht nur wieder und wieder als bußfertiger Pilger entgegen, mit weitem Mantel, breitkrempigem Hut, mit Stab, Trinkgefäß und »Jakobsmuschel«, sondern ebenso als »Matamoros«, als »Maurentöter«, als Held und feuriger Streiter im Kampf gegen die moslemischen Heiden, als Schutzheiliger der Christenheit, die ihren Anspruch auf die Iberische Halbinsel blutig verteidigen mußte.

Dies alles ist aber nur eine Sichtweise, nur eine Möglichkeit, sich dem »Jakobsweg« zu nähern. Es ist die »offizielle«, die christlich-katholische. Daneben gibt es berechtigte Zweifel an dieser Art der Darstellung, bleiben viele Fragen. Wie alt ist der Weg nach Santiago und Finisterre, dem »Ende der Welt«, wirklich? Was haben die rätselhaften Zeichen an Kirchenbauten und Grabsteinen, die Inschriften und Felsgravuren, die Steinsetzungen längs des Weges zu bedeuten? Was für eine Art von »Einweihungsweg« war der Camino, als es noch kein Christentum und kein »Apostelgrab« gab? Was hat es mit den Sternen auf sich, mit dem »Sternenweg«? Weshalb sind so viele der sagenhaften Gruppierungen, die mit dem Camino de Santiago verbunden waren, etwa die Templer oder die Albigenser, im Dunkel der Geschichte verschwunden? Schrieb der Apostel Paulus den »Galaterbrief« des Neuen Testamentes wirklich an eine Gemeinde in Galatien, Kleinasien, oder ging der Brief nach Galicien auf der Iberischen Halbinsel? Wer waren die Baubruderschaften wirklich, und was war ihr geheimes Wissen, das sie zu Bauten verarbeiteten, deren Ruinen uns noch heute ehrfürchtiges Staunen abverlangen? Wer sind die Basken, und wo kommen sie her? Was wissen wir wirklich von den verschiedenen Völkern, die Nordspaniens Kultur und Stil prägten und beeinflußten, den Iberern und Kelten, den Waskonen und Sueben, den Westgoten, Römern und Mauren? Fragen über Fragen. Alles verschwimmt zu Legenden, wird unpräzise, wenn man es »wissenschaftlich« fassen will. Den ganzen Pilgerweg und seine Geschichte nur christlich-katholisch zu deuten, scheint mir ebenso unzulässig und kurzsichtig wie die in neuerer Zeit oft erklärte Ansicht, alles, was uns aus dem Mittelalter begegnet, sei nur »übergestülpt« worden, nur inszeniert worden, um viel Älterem, »Heidnischem«

einen christlichen Deckmantel überzuwerfen, christliche Namen zu geben. Vieles, was über den »Jakobsweg« geschrieben wird und gesagt wurde, mutet sehr nach »der Herren eignem Geist« an, »in dem die Zeiten sich bespiegeln«.

Wenn auch die Wallfahrten ihre Blütezeit eindeutig im Mittelalter erlebten, versiegte der Pilgerstrom doch erst mit Reformation und Aufklärung endgültig. Seit einiger Zeit ist der Weg durch Nordspanien jedoch wieder »in«. Im »heiligen Jahr« 1993 pilgerten Tausende nach Santiago. Hat dies noch heute seinen Grund darin, daß Menschen Sündenfreisprache am Schrein der Apostelgebeine erwarten, oder die Erhörung von Bitten, die Heilung von Leiden? War dies früher immer der Grund, den gefahr- und mühevollen Weg auf sich zu nehmen, der oft genug mit dem Leben bezahlt wurde? Weshalb gibt es heute nicht nur die »normalen Touristen«, die in Scharen mit Bus, Auto und Flugzeug in Nordspanien einfallen, um die vielen Kirchen und Klöster längs des Weges zu besichtigen oder »das Flair« der Pilgerstadt Santiago zu erleben, sondern daneben Menschen fast jeden Alters, jeder Konfession, verschiedenster Länder und Sprachen, die wieder, wie in alten Zeiten, zu Fuß, per Fahrrad oder auf dem Pferd nach Santiago »pilgern«?

Es gibt inzwischen Reiseführer, Kunstführer, Wanderführer, Erlebnisberichte, Erzählungen, Gedichte, Meditationen und Bildbände in großer Zahl zum Thema; auch bedeutende wissenschaftliche Werke zur Geschichte Nordspaniens, zur Geschichte des »Jakobsweges« liegen vor. Wie meist kommt man aber erst durch das eigene Erleben zu einem Verständnis, lösen sich Fragen, wenn auch in einer Erfahrungstiefe, die man nur schwer in Worte fassen kann. Trotzdem will ich versuchen, denjenigen, der sich für den »Jakobsweg« interessiert, teilhaben zu lassen an dem Abenteuer, den dieser Weg heute bedeuten kann und für mich bedeutet hat. Vielleicht wird es gelingen, den einen oder anderen an die Hand zu nehmen und ihn rund 1000 km durch Nordspanien zu führen, auf alten, geheimnisvollen Wegen, ihm ein bißchen das Gefühl zu vermitteln, selbst dabeigewesen zu sein.

Kein Reiseführer also, kein wissenschaftliches Werk, sondern der Bericht einer »Peregrina«, einer Pilgerin, nicht aus dem Mittelalter, sondern aus unseren Tagen.

Vamos! Gehen wir!

2. Vorspiel

Draußen ist es bereits dunkel, drinnen lebt noch eine geheimnisvolle Helligkeit … Außer den acht bis zehn »Pilgern« sind noch einige alte, dunkel gekleidete Menschen in der Kirche, sitzen vereinzelt und zerstreut in den Bänken. Anna hat sich leise ganz hinten hinein gesetzt, ist etwas angespannt durch jene fast unwirklich wache Aufmerksamkeit, die sie immer erfüllt, wenn sie allein in ein fremdes Land mit einer fremden Sprache geht. In bunten, prächtigen Gewändern ziehen die Priester ein, die Orgelmelodien hüllen alles in eine große Feierlichkeit; das hohe Kreuzgewölbe verliert sich nach oben im Dämmerdunkel. Anna ist ganz seltsam zumute. Zwar versteht sie kein Wort, aber die ganze Stimmung ist so mystisch-schön, spricht deutlicher zum Herzen als die Worte: das milde Licht der vielen Kerzen, die Orgel, das Gewölbe, die Wechselgesänge der Priester nach streng-liturgischer Form. Anna sitzt inmitten all des Zaubers auf einer harten Holzbank, das Herz voll banger Erwartungen und Hoffnungen …

Über dem Hochaltar schimmert im Kerzenlicht das berühmte Muttergottesbild aus Toulouse, das zu den schönsten Bildwerken der Gotik gehören soll und aus dem 13. Jahrhundert stammt. Es ist eine Gottesmutter aus Zedernholz, ganz mit Silber überzogen, mit Gold und Edelsteinen geschmückt. Eine schwere Krone auf der leicht geneigten Stirn, sieht die junge Frau zum Kind auf ihrem Schoß hinab, das wiederum zu der Mutter aufsieht, so eine innige Verbindung herstellend. Anna kann sich vorstellen, daß der faltenreiche Mantel Marias in allen Farben spielt, wenn das Sonnenlicht durch die Buntglasfenster des Altarraumes fällt, jetzt aber erhellen nur die vielen Kerzen den hohen Raum, das Bildnis scheint aus lauterem Silber zu bestehen, mattglänzend, schimmernd, lebendig. Und ohne daß sie selbst recht weiß, weshalb es gerade diese Worte sind, die sie vor dem Bild erfüllen, fleht sie in stummer Bitte mit Gretchens Worten: »Ach neige, du Schmerzensreiche, dein Antlitz gnädig meiner Not!« Ihr wird bewußt, daß sich mit diesem Weg nicht einfach nur ein Traum erfüllt, daß sie selbst noch gar nicht frei ist von allem, was zurückblieb, daß sie so vieles, was sie hatte zurücklassen wollen, mitbrachte, mitnehmen würde auf den Camino: Fragen, Sehnsüchte, Hoffnungen und Zweifel …

Irgendwann ist der Augenblick gekommen, wo einer dem anderen Frieden wünscht und Segen. Anna, die weiter hinten sitzt als alle anderen, will für sich bleiben. Da wendet sich einer nach ihr um, vier Bänke vor ihr, auf der anderen Seite, kommt zu ihr, reicht ihr die Hand. Es ist ein Radfahrer, sie sah ihn vor der Messe mit seinem Fahrrad im Hof. Er ist kräftig gebaut, höchstens dreißig, hat ein klares, ruhiges Gesicht. Mit festem Druck nimmt er Annas Hand, spricht einige Worte auf Französisch, die sie nicht versteht. Sie erwidert die Segensworte in Deutsch. Anna wird diesen jungen Mann nie wiedersehen, nie wissen, was er auf dem Camino erlebte – aber sie nimmt seinen Händedruck entgegen und wünscht ihm Segen auf den Weg.

Dann ruft der Priester alle »Amigos Peregrinos« nach vorne. Langsam steht auch sie auf, um an den Altar zu treten. Der Priester nennt die Länder, aus denen sie kommen, soviel versteht auch Anna: Frankreich, Brasilien, Südafrika, Deutschland – dann hebt er feierlich die Arme, spricht Segensworte in Spanisch, Französisch und Englisch, schlägt das Kreuzeszeichen über sie alle … Ihr ist, als würde sie mit dieser Handlung, mit diesem Segen eingereiht in die unübersehbare, unendliche Kette aller, die je zuvor, die heute, die in Zukunft diesen Weg gegangen sind, gehen oder gehen werden, eingereiht in einen Menschheitszug, eingeweiht in alles Geheimnisvolle, Heilige des Sternenweges. Das gibt ihr das Gefühl, Bedeutung zu haben, dazuzugehören, mitzuwirken an der Geschichte dieses außergewöhnlichen Weges.

3. Vergangenheit und Gegenwart

Von Roncesvalles nach Larrasoaña

Dies also ist Roncesvalles, denke ich, von der Straße aus zurückblickend; am Abend zuvor, im letzten Dämmerlicht, hatte es geheimnisvoller, düsterer gewirkt, auch die frischen Morgennebel sind bereits zu »echt«, zu klar für diesen sagenumwobenen Ort …

Als ich am Abend zuvor hier aus dem Bus stieg, schien der kleine Ort erst wie eine Enttäuschung – dies sollte das berühmte Roncesvalles sein? Ein großer Klosterkomplex mit Stiftskirche, eine Kapelle, ein Gasthaus … Dahinter erhoben sich im abendlichen Dämmerlicht die Höhenzüge der Pyrenäen, dunkelbewaldet, die höchsten Gipfel bedeckt mit weiß-schimmerndem Schnee.

Fast meint man, den Klang von Olifant, Rolands Horn, zu hören, wie er sich bricht an den Hängen, wie er sich ausbreitet, schreiend, bis Kaiser Karl ihn hört, einen Tagesmarsch entfernt. Da steht die kleine, graue Kapelle, in der die zwölf Helden der Franken begraben liegen sollen, der Kaiserneffe Roland, der Erzbischof Turpin, Herzog Eglir und all die anderen, von denen das Rolandslied zu berichten weiß, all die tapferen Haudegen, die aus dem Hinterhalt überfallen wurden von Mauren und Sarazenen, den Verteidigern des Islam in Spanien, oder von Basken, deren Königsstadt Pamplona Karl der Große hatte verwüsten lassen. Mir träumt, die Wälder und Hügel um Roncesvalles würden plötzlich lebendig, überall brächen schwertschwingend die Feinde hervor ... Alles reicht zurück in den Bereich der Sage – aber müssen wir heute denn endgültig zu wissen versuchen, wer wen weshalb überfiel, bekämpfte und tötete? Geht es nicht vielleicht nur darum, daß eben jede Zeit ihre Helden braucht, ihre Helden und ihre Feinde? Heute forscht man, wie es wirklich gewesen ist, zu früheren Zeiten benutzte man die Namen, die Begebenheiten, die Bilder, wie man sie gerade brauchte. Folgerichtig war dann Roland einmal ein Held gegen die Basken, einmal ein Held gegen die muslimischen Mauren, einmal zog Karl der Große gegen die Basken, einmal gegen die Mauren, um das Grab des Apostels Jakobus in Santiago und den Weg dorthin von den Heiden zu befreien.

Was immer gleich bleibt in allen Überlieferungen, ist der Verräter aus den eigenen Reihen, ist Durandart, das Schwert Rolands, und das Horn Olifant. Man kann sich gut vorstellen, wie der Weh- und Hilferuf des Hornes durch das Bergtal scholl, mit welcher Bestürzung der Kaiser und sein Heer es vernahmen, wie sie sich aufmachten, der Nachhut zu Hilfe zu eilen – und wie doch Roland und seine Gefährten alle schon vor der grausamen Übermacht des Feindes gefallen waren, als die Hilfe eintraf. Roland starb, heißt es im Rolandslied, »das Angesicht gen Spanien gewandt« – also nach Westen. Langsam reiße ich meinen Blick los von der kleinen Kapelle, die die Grabkapelle der Frankenritter sein soll.

Wie aus einem Traum erwachend, sage ich: »Ja, nach Westen!« und wende mein Gesicht in die Richtung, in der alle Pilger gehen, denn im Westen versinkt die Sonne im Meer, ihr gilt es zu folgen. Fast gewaltsam mache ich mich los von den Traumgespinsten des Vergangenen, die an diesem Ort leben.

Als ich diesen Entschluß gefaßt habe, komme ich am sogenannten Karlskreuz vorüber, einem verwitterten Steinkreuz am Wegesrand, geformt wie eine Blume, mit einer irminsulartig geschwungenen Endbegrenzung, von der Zeit und der Witterung unkenntlich gemachte Reliefarbeiten im Sockel, drei ungleiche Stufen. Und während mich etwas wie Ehrfurcht durchläuft, ahne ich, daß es auf diesem Wege kaum möglich sein wird, in der Gegenwart zu gehen, ohne die Vergangenheit mit einzubeziehen, ja daß hier das eine vom anderen noch weniger eindeutig zu trennen ist als sonst.

Ich wandere in den frischen Morgen. Kleine Wege, Schnee auf den Bergrücken der Pyrenäen, verwunschene Waldpfade, frisches, junges Buchengrün, Blumen, Vögel, vor allem das Ginstergelb. Es ist der Ginster, der sich mir zuallererst als »typisch Camino« einprägt. Ich gehe wie im Traum: Nun also hat der Weg begonnen ...

Ich genieße es, in den werdenden Morgen zu gehen. Irgendwann kommt die Sonne strahlend über die Höhenzüge. Kleine Orte und Örtchen, statt Vorgärten Blumenkübel vor den alten Steinhäusern, Veranden. Das Wetter: eher bedeckt, frisch, angenehm um zu laufen. Der Camino ist sehr gut ausgeschildert und bezeichnet, man kann sich nicht verirren; und es ist mir, als sei es ganz natürlich, daß die Wegmarkierungen gelb sind, gelb wie der Ginster ...

Um zehn Uhr komme ich nach Mezquiriz – gerade zum Glockenläuten. Bis ich um elf Uhr Mittagsrast halte, habe ich erst dreimal »Holla!« gesagt im Vorbeigehen, das ist alles; schweigend vergeht Stunde um Stunde, wenn man alleine wandert. Das Schweigen ist so gut! Ständig führt der Weg durch Gatter, die man öffnet und sorgfältig wieder schließt hinter sich – eine »heilige Handlung«; es ist merkwürdig, daß plötzlich ganz gewöhnliche Dinge zu etwas ganz Besonderem, ja fast »Heiligem« werden. Auf einer kleine Wiese halte ich Mittagsrast, inmitten von Ginster, Dornen, Blühen, Summen, Stille ... Schultern und Rücken, die sich erst wieder an die rund zwölf Kilo des Rucksackes gewöhnen müssen, lehne ich an den warmen, rissigen Stamm einer niederen, krüppelig verwachsenen Eiche, döse hinein in die Frühlingsbläue.

Vor mir liegt solch ein großes Abenteuer. Ich habe mich aufgemacht, um eine Pilgerin zu sein, um auf uralten

Wegen der Sonne und den Sternen zu folgen bis zum Meer. Und ich habe all die gemischten Gefühle – Vorfreude, Abenteuerlust, Spannung –, die ich immer habe, wenn etwas, das ich mir lange, lange gewünscht habe, in Erfüllung zu gehen beginnt, wenn es ernst wird, wenn man noch nicht genau weiß, ob die Wirklichkeit dem langgesponnenen Traum wird standhalten können.

Mit einmal ein Getrappele, ich blicke auf: eine zottige Schafherde, schwarze Köpfe, gewundene Hörner, ein kleiner Hund, der Hirte ruhig und bedächtig vorneweg, er öffnet ein Gatter, läßt sie alle durch. Er bemerkt mich nicht, tut nur schweigend sein Werk. Und Kuckucksrufe! Den ganzen Tag. Als ich ihn heute früh das erste Mal hörte, rief er achtmal; sagt nicht ein alter Spruch, so oft wie der Kuckuck rufe, wenn ein Mädchen ihn zum ersten Mal im Frühling hört, so viele Kinder werde sie haben? Ach, einmal nur zu wissen, was die Zukunft bringen wird!

Ich mache ein Weilchen die Augen zu, lasse die Bilder und Erlebnisse der letzten Tage an mir vorüberziehen: die Hektik des Packens, letzter Besorgungen, des Abschiednehmens – alles, was zu den letzten zwei, drei Tagen gehört, bevor man endlich wirklich auf Fahrt ist; dann die Busfahrt durch Frankreich, die meiste Zeit bei Nacht; Barcelona, wo ich am Busbahnhof auf einer Bank eingeschlafen war, bis ein »Milizionär« mich weckte, mir das Schlafen auf der Bank verbot; Pamplona, wo ich erst bei Dunkelheit angekommen war, mit dem leichten Kribbeln in der Magengegend, das dazugehört, wenn man bei Nacht alleine in einer unbekannten Stadt plötzlich am Busbahnhof steht, alle Leute sich zielstrebig entfernen sieht, selbst aber nicht weiß, wohin …

Im Bus nach Pamplona hatte ich eine Studentin, Alicia aus Mailand, kennengelernt, wir hatten uns mit Hilfe des Wörterbuches und mit Händen und Füßen »unterhalten«; heimlich hatte ich gehofft, Alicia werde sich meiner annehmen in der dunklen, fremden Stadt. Aber am Busbahnhof wartete ein junger Mann – sie verabschiedete sich nicht einmal von mir, hatte nur noch Augen, Ohren, Mund und Sinne für den Freund. Mit gemischten Gefühlen sah ich den beiden glücklichen jungen Menschen nach …

Ich inspizierte den Stadtplan in meinem »Pilgerführer«, dachte mir, es könnte sich lohnen, sich einmal bei den »Murallas«, der Festung, umzusehen. So schlenderte ich durch die dunkle, lichterhelle Stadt über den Platz unterhalb der Kathedrale hinauf zur Festung. Dort tat ich mich ein wenig um; noch war einiges los, helle Lampen strahlten alte Mauern an, in einer Art »Burgschenke« ging es hoch her. Ich legte mich auf eine Steinbank im Mauerschatten des Burghofes und schlief sofort tief und fest.

Einmal erwachte ich, hörte es Mitternacht von den Türmen der Stadt schlagen, wußte aber, daß ich von etwas anderem geweckt worden war: Da waren die Stimmen wieder, laute, erregte Männerstimmen. Zwei Männer gingen heftig diskutierend im Burghof umher, ich konnte sie gut sehen, hörte auch jedes Wort, verstand nur leider die Sprache nicht. Die Männer kamen auf ihrem Rundgang mehrere Male dicht an mir vorbei, ich hätte sie mit ausgestreckter Hand erreichen können, aber da ich im Schatten der Mauer lag, bemerkten sie mich nicht. Ich schlief schließlich weiter, mich nicht mehr um die nächtlichen »Philosophen« kümmernd …

Nach einer Stunde Mittagspause auf der kleinen Wiese wandere ich weiter; den ganzen Tag ist es hügelig. Später beginnt es zu regnen, irgendwann ziehe ich den Poncho über; ein, zweimal begegne ich einem der anderen Pilger, die ich vom letzten Abend her kenne, man überholt sich, grüßt sich, überholt sich wieder. Die Landschaft ist ein Traum: Die Höhenzüge der Pyrenäen stehen hintereinander bis zum Horizont, einer unschärfer als der andere, verschwimmend im Regendunst und unwirklich schön.

Im Regen plantsche ich durch Zubiri. Am Ortsausgang gibt es ein Refugio, ein großes, altes Haus mit Garten, knorrigen Obstbäumen, windschiefem Zaun. Ein riesiger, schwarzer Hund bellt mich wütend an. Während ich noch triefend dastehe und überlege, ob ich mich ins Trockene flüchten soll, wird oben im Haus ein Fenster geöffnet; ein altes, hutzeliges Weiblein schaut heraus, ruft etwas für mich Unverständliches, wiederholt es, fragt dann: »Peregrina?« ich nicke – das verstehe ich schon – fragt weiter: »Refugio?« Ich schüttle den Kopf, weiß inzwischen schon, daß ich noch weitergehen will, schreie »Gracias!« sehe noch, wie mir die alte Frau kopfschüttelnd nachsieht und höre das wütende Bellen schwächer werden …

Über zwei winzige Dörfchen, Illarraz und Ezquiroz, eines schöner als das andere, geht es noch ein gutes Stück bis Larrasoaña. Es regnet stark, der untere Teil meines roten Rockes, der unter dem Poncho hervorsieht, trieft, in den Schuhen quatscht jeder Schritt, der Rucksack drückt, über mein Gesicht läuft das Regenwasser, ein Schritt vor den anderen – ich bin glücklich!

Immer wieder muß ich an das Dörfchen Ezquiroz denken, durch das ich zuletzt ging, in dem schon die Rosen blühten: Daheim in Süddeutschland blühen jetzt noch keine Rosen. Und doch brachte ich, ohne es zu wissen, aus Deutschland eine Rose mit auf den Camino – erst gestern in Pamplona entdeckte ich sie in meinem Geldbeutel, heimlich hineingeschmuggelt, ein kleines Foto: eine rote Rose, und wenn ich das Bildchen umdrehe, steht hinten drauf nur »Für Dich!« – weiter nichts. Ich habe einen großen Schatz bei mir, der so gut wie nichts wiegt, und das ist wichtig für eine Pilgerin, denn was soll sie mit Schätzen, die schwer sind und auf ihre Schultern drücken? Dieser kleine Schatz »fällt nicht ins Gewicht«, aber in mir macht er etwas warm und hell und freundlich, immer stärker, je nässer und grauer es um mich herum wird.

Es ist erst früher Nachmittag, als ich nach Larrasoaña hineinkomme. Wieder die alten, dunkelgrauen Steinhäuser, an den Straßenrändern läuft das Wasser in kleinen Bächen. Bald schon finde ich das Ayuntamiento, das Rathaus, zu dem auch das Refugio gehört, ein gut ausgebautes, mit Stockbetten und warmem Wasser … Eine heiße Dusche ist nach solch einem Regenmarsch eine unbeschreibliche Köstlichkeit; eine warme, trockene Trainingshose, Pullover – und schon bittet mich ein älterer Herr, ein Deutscher, der mit dem Fahrrad unterwegs ist, mit ihm und einem älteren Franzosen, den ich schon von Roncesvalles her »kenne«, in die Bar nebenan zu gehen. In Spanien heißt alles »Bar«, bei uns würde die »Bar« Gasthaus heißen. Wir trinken »Vino tinto«, Rotwein, und essen eine gut gewürzte Suppe mit Brot. Es ist ein kleiner, dunkler Raum, oben in einer Ecke des Zimmers ist ein Fernseher angebracht, ein Radrennen wird gezeigt. An einem der Tische sitzen einige Männer verschiedenen Alters, alle etwas schmutzig wirkend, wie gerade von der Arbeit hereingekommen. Sie machen viel Lärm, kommentieren das Rennen lautstark, unterhalten sich mit weitausgreifenden, großen Gebärden. Ich bin in einer wohligen, satten Müdigkeit und Wärme, unterhalte mich nur wie nebenher ein wenig mit den beiden Männern, die selbst ein lebhaftes Gespräch auf Französisch führen, von dem ich aber nur sehr wenig verstehe.

Ob die anderen in Zubiri bleiben? »Die anderen«, das sind Ines aus Südafrika und Jörg und Viola aus Brasilien. Sie kamen gestern mit »meinem« Bus aus Pamplona, der aber so überfüllt war, daß wir uns erst bemerkten, als wir alle vier in Roncesvalles ausstiegen und unsere Rucksäcke unten aus dem Bus holten. Jörg und Viola trugen gleich mir eine Muschel um den Hals, sie waren beide schmal und groß – Jörg noch um eineinhalb Köpfe größer als seine Freundin –, kaffeebraun und kaum älter als ich. Ines, eine energische blonde Frau, der man ihre 32 Jahre nicht anmerkte, fand bald heraus, daß wir alle ihr Englisch verstanden und wandte sich dem Kloster zu, das groß und wie verschlossen vor uns lag. – Durch das Fenster der Bar sehe ich Ines ankommen und wenig später auch das brasilianische Pärchen.

Der Bürgermeister von Larrasoaña betreut das Refugio. Er kommt gegen Abend, ist sehr gesprächig, nimmt alle mit in sein Büro, wo er uns viele interessante Dinge zeigt und erzählt, manches verstehe oder erahne ich, manches übersetzt Jörg mir ins Englische. Viele »Gästebücher« gibt es da, Bücher, in die Pilger hineingeschrieben haben; auch wir müssen in solch ein dickes Buch schreiben: Namen, Datum, Heimatland, einen Gedanken zum Camino. Noch oft werden uns in der nächsten Zeit solche dicken Bücher, einfach nur »libro« genannt, begegnen. Jörg schreibt »Ultreia!« in das Buch, ich will wissen, was das heißt. »Ultreia!« bedeutet soviel wie »Auf geht's!« oder »Weiter!« erklärt er mir. Es wurde wohl schon im Mittelalter von den Pilgern als Ruf benutzt. »Ultreia!« bedeutet, daß ein Pilger nirgendwo bleibt, sondern immer weiterzieht.

Dann hat der Bürgermeister ein dickes Fotoalbum, in dem er uns stolz Bilder von Pilgern zeigt. Da sind Bilder von einigen Schweizern, die mit Eseln und in alten Kutten nach Santiago ritten, von Radpilgern und Fußpilgern, von sechs jungen Spaniern, die mit einem Leiterwagen unterwegs waren, auf den sie ihr Gepäck luden. An den Wänden hängen große, schöne Bilder von Bauwerken, die uns noch erwarten: Eunate, die Geheimnisvolle, die königliche Brücke von Puente la Reina, Frómistas Romanik, Leóns Gotik und natürlich die Kathedrale von Santiago. Zuguterletzt bekommt noch jeder einen Stempel in seinen »Credencial«, dazu eine Unterschrift und das Datum. Der »Credencial del Peregrino« ist ein Pilgerausweis, in den jeden Tag ein Stempel und eine Unterschrift eingetragen werden müssen; so soll nachprüfbar sein, ob man wirklich als Fuß- oder Radpilger unterwegs ist und Anrecht auf einen Schlafplatz in den Refugios hat.

Wir alle hatten am Abend zuvor in Roncesvalles in einem hohen, düsteren Raum von einem freundlichen, lebhaften Priester, dessen Augen immerzu zu lachen schienen, unsere Pilgerausweise bekommen. Zuerst hielt ich dies für »touristischen Klimbim«, aber wie sonst sollte überprüft werden, daß nicht »Auto-Pilger« in den billigen oder kostenlosen Herbergen übernachten und die Fußpilger dort keine Schlafplätze mehr finden? – Es sind schöne Stempel, die zwei ersten: Roncesvalles mächtig, mit dem gebogenen Bischofsstab, Larrasoaña mit zwei Schweinchen im Wappen …

Als ich schlafen gehe, regnet es noch immer, meine Schuhe werden wohl kaum bis morgen trocken sein.

4. Runen als Erkennungszeichen

Von Larrasoña nach Cizur Menor

Alles ist triefend naß, auch heute morgen ist das Wetter regnerisch und unfreundlich. Während ich bis Illarraz zurück gehe, bin ich verzweifelt. Nirgendwo ist die Jacke zu finden, schließlich kehre ich wieder um. Ich war früh aufgestanden, hatte während des Zusammenpackens bemerkt, daß meine dünne, schwarze Jacke fehlte! So packte ich wieder aus, suchte überall, konnte mich nicht erinnern, wann und wo ich sie am letzten Abend zuletzt gesehen hatte. Nach und nach standen die anderen auf, machten sich ebenfalls fertig; niemand wußte etwas von meiner Jacke. Erst Ines sagte verschlafen: »Yes, I saw a black jacket, laying next to the road ...«

Kalt, naß und verzweifelt komme ich ins Refugio zurück. Jörg und Viola, die Brasilianer, sind noch am Frühstücken; mit ihnen berate ich mich, bitte sie, mir zu helfen, eine spanische Botschaft für den Bürgermeister zu schreiben. Die beiden sind erstaunt, als ich das Erkennungszeichen meiner Jacke, zwei Runen, beschreibe: »Ah, runes!«, sagt Jörg; es erweist sich, daß er ein kleines Säckchen in einer Seitentasche seines Rucksackes hat, voll mit weißen Seesteinchen aus Brasilien, jedes mit einer roten Rune bemalt – er und Viola kennen all die Bedeutungen, die man heute eben noch kennen kann. »Vielleicht hast du deine Jacke verloren, damit wir dies voneinander erfahren«, sagt Viola nachdenklich. So sitzen wir beieinander und sprechen über Runen und fühlen uns, als kennen wir uns schon lange Zeit.

Ich gehe dann noch einmal den gleichen Weg zurück. Am Tag zuvor hatte ich mir die Jacke um den Leib gebunden, wohl mit nur einem Knoten befestigt, so konnte sie unter dem Poncho unbemerkt abrutschen. Als ich noch einmal durch das hohe, nasse Gras stapfe, den gleichen Weg zurück, den ich nun schon so gut kenne, dabei immerzu die Wegränder mit den Augen absuche, überlege ich, weshalb mir meine Dinge so wichtig sind und ob es gut ist, so mit jedem einzelnen seiner Gegenstände verbunden zu sein, daß man sich nicht vorstellen kann, einen davon zu verlieren. Viola riet mir, doch in Pamplona eine neue, dünne Windjacke zu kaufen, sicherlich gäbe es dort so etwas billig. Aber wie sollte eine gekaufte Jacke aus Pamplona diejenige, die ich verloren habe, ersetzen können? Vielleicht kommt der enge Bezug zu meinen Dingen vom Selbermachen und vom Gebrauch? Die vermißte Jakke habe ich selbst genäht, viele Jahre hat sie mich begleitet: Wie könnte ich sie einfach durch eine gekaufte aus irgendeinem Laden ersetzen? Und überhaupt: Ist es nicht immer so, wenn man unterwegs ist, daß man zwar weniger braucht, unabhängiger wird von Dingen und Gegenständen, zugleich aber das wenige, das man bei sich hat, gewichtiger wird als sonst? Schuhe, ein Rucksack, eine Gitarre können eine besondere, fast heilige Bedeutung bekommen, können zu echten »Gefährten« werden.

Wieder bin ich da angelangt, wo nach Ines Beschreibung am gestrigen Nachmittag etwas Nasses, Schwarzes am Wege lag – und diesmal, ich traue meinen Augen kaum: Da ist die Jacke! Vorhin stand hier ein Auto, darunter sah ich nicht nach, jetzt ist es weggefahren; naß und schmutzig liegt sie inmitten des vom Auto noch trockenen Platzes. Ich lache vor Freude, spreche laut vor mich hin, wie oft, wenn ich alleine bin. – Wie beharrlich muß man eigentlich sein? Ich bin so froh, daß ich noch ein zweites Mal losging!

Als ich gerade wieder oberhalb Larrasoañas bin, pilgern Jörg und Viola unten aus dem Ort hinaus – ich hebe das schwarze Knäuel hoch, die beiden werfen mit Freudengeheul die Arme in die Luft, fuchteln mit ihren Stäben herum, biegen dann ab, so daß ich sie nicht mehr sehen kann. Alle anderen sind längst unterwegs, als ich meine Sachen aus dem Refugio hole.

Die Schuhe sind noch immer und schon wieder naß, die rechte Ferse ist offen, obwohl ich sie inzwischen »gepflastert« habe. Nach dem Regen sind die Wege aufgeweicht, das Gehen eine rutschige Quälerei – und doch ist es ein schönes Wegstück, bis ich kurz hinter Zuriain eine Pause einlege, unten am Fluß. Die Jacke, die ich im Refugio noch kurz im Waschbecken ausgewaschen hatte, hänge ich an einem Ast auf, kühle meine Füße im eisigen, klaren Wasser. Als ich weitergehe, hat der Regen aufgehört, langsam kommt sogar die Sonne zum Vorschein.

Verwunschene Pfade wechseln mit kurzen Straßenabschnitten, es geht durch alte, halbzerfallene Ortschaften, Träume aus dem Mittelalter. Das Rot zweier Mohnblumen im Grün des Wegraines, ein kleiner Pfad, der in einen lichtgrünen Hohlweg übergeht, ein verwunschenes Tor zu dem Weg, der bereits das Ziel ist, Rosen an alten Steinmauern, bellende Hunde, Menschen, die grüßen – ich trage die Muschel um den Hals und es gibt so viel Schönes am Wege! Eine kleine Lerche steigt jubelnd auf: Was tut es, daß die Füße schmerzen, der Rucksack drückt? Der Río Arga begleitet mich noch immer. Am Morgen glitt er dunkelgrün und dämmrig neben dem Weg dahin, jetzt schlängelt sich der schmale Pfad oberhalb des Flusses, rechts die aufstrebende Schräge des Hanges, links ein windschiefes, grobes Holzgeländer, auf das man sich von Zeit zu Zeit ein bißchen mit beiden Armen aufstützen kann, um zum Fluß hinunterzusehen. Noch immer tropft es leise von Büschen und Bäumen, noch immer glitzern Regenperlen im Gras, dampft die Erde unter der Sonnenwärme. – Das letzte Stück nach Trinidad de Arre ist Teerstraße. Ich ziehe die nassen, schweren Schuhe aus. Barfuß wie eine mittelalterliche Büßerin ziehe ich in Trinidad de Arre ein, gemächlich – aber habe ich nicht alle Zeit der Welt? Heute gehört Arre zu Villava, einer modernen Vorstadt Pamplonas. Früher gab es hier ein Pilgerhospital, einige französische Ordensschwestern haben an dieser historischen Stelle wieder eine Herberge für Jakobuswallfahrer eingerichtet. Das schöne Bild der romanischen Kapelle und der zwei, drei zugehörigen Gebäude prägt sich tief ein – es wirkt wohl um so schöner und natürlicher, da keine anderen, modernen Gebäude das mittelalterliche Aussehen stören.

Auf einem großen, sonnenwarmen Stein neben der Brücke mache ich eine Pause. Wieder nehme ich die noch nasse Jacke hervor und breite sie zum Trocknen aus. Dabei fällt mein Blick auf das eingestickte Zeichen, das ich den Brasilianern heute früh als Erkennungszeichen beschrieben hatte, lächelnd streiche ich mit einem Finger darüber. Warum ich gerade die Rune der Not und die des Lebens zum Zeichen gewählt habe, hatten Jörg und Viola wissen wollen. Ja; warum? Nicht zum ersten Mal bin ich das gefragt worden, und schon oft ist mir eine Erklärung nur halb gelungen. Schon vor Jahren wählte ich diese beiden Runen zu meinem persönlichen Erkennungszeichen. Ich benutze beide immer in der gleichen Reihenfolge oder schachtele sie in ein Zeichen zusammen; damit kennzeichnete ich meine Gegenstände, unterschrieb sogar manchmal Briefe damit, zeichne Bücher, Noten … Die Rune der Not steht für alles, was schwer ist im Leben, dunkel, traurig, abgründig, unverständlich, fragend; die Rune des Lebens steht sowohl für das Helle, Freundliche, Lachende, für die Freude, das Glück, die Harmonie, und zugleich vereint sie Dunkelheit und Helle, denn erst auf dem Hintergrund des Dunklen, Schweren kann ja das wirkliche Leben blühen, ohne die Dunkelheit könnte man ja das Licht gar nicht erkennen und schätzen! Einige Jahre nachdem ich die beiden Runen »in Besitz genommen« hatte, fand ich Manfred Hausmanns Gedicht »Günnemoor«, das mir auszudrücken schien, was ich meinte. Während ich ins grün-goldene Wasser sehe, spreche ich leise Zeile für Zeile des geliebten Gedichtes und merke nicht, wie ein Mann auf der Straße über meinem Nixenfelsen stehenbleibt, gespannt und zugleich kopfschüttelnd zuhört und, als ich schweige, ein wenig spöttisch lacht. Erschrocken drehe ich mich um, der Mann kommt zu meinem Felsen, setzt den Rucksack ab und fragt, noch immer lachend: »Du hast wohl nichts dagegen, wenn ich mich etwas zu dir setze, kleine Dichterin? Übrigens: Ich bin Martin!« Damit streckt er mir die Hand hin. Ich fühle mich zwar aus meiner beschaulichen Ruhe gerissen, rücke aber doch zur Seite, nehme die Hand und stelle mich ebenfalls vor.

»Wo hast du angefangen?« will Martin wissen. »In Roncesvalles – ich bin in St. Jean Pie de Port losgestiefelt.« Martin ist also Deutscher, Mitte vierzig, hat einen braunen Bart und eine Brille. Sehr selbstsicher wirkt er nicht, eher »weichlich«, bemerke ich im stillen. Er stöhnt und reibt sich die Schultern: »Mein Rucksack hat immer noch gut 20 Kilo«, klagt er, »dabei habe ich bereits ein Päckchen mit fünf Kilo nach Hause zurückgeschickt.« 20 Kilo sind zu schwer für einen Pilger, denke ich entschieden – na ja, wer weiß, was der alles mit sich herumschleppt! Seit vier Tagen ist Martin der erste Mensch, mit dem ich mich in meiner eigenen Sprache unterhalten kann, trotzdem empfinde ich es nicht als Glück, ihm zu antworten, zu hören, wieso er auf dem Camino ist, wie es ihm bisher ergangen ist und all das. Ich merke erst jetzt so recht, wie kostbar und wertvoll mir das Schweigen geworden ist. Und ich wünsche bald, Martin möge weitergehen, mich wieder alleine und in Ruhe lassen. Es ist nicht, daß er unsympathisch oder aufdringlich wäre, nur stört er mich eben, ich will alleine sein. Noch ahne ich nicht, daß Tage kommen werden, an denen ich viel darum geben würde, nur einmal kurz jemandem wie Martin zu begegnen. Im Moment bin ich reich genug, auf ihn und jede andere Gesellschaft zu verzichten …

»Wo bleibst du zur Nacht?« fragt nun Martin. Ausweichend antworte ich: »Ich weiß es noch nicht genau«. Endlich entschließt er sich weiterzugehen, packt seinen Kram zusammen und verabschiedet sich. Aufatmend sehe ich ihm nach, wie er um die nächste Straßenecke verschwindet.

Ich beschließe, doch noch bis Cizur Menor zu gehen, gebe Jod auf die offene Ferse und ziehe Sandalen an, denn ab jetzt ist es ja Teerstraße. – Durch Burlada geht es nach Pamplona. Burlada, heute mit Villava schon ganz zusammengewachsen, ist sozusagen eine Vorstadt von Pamplona. Und plötzlich fällt man auch wieder aus der Zeit heraus: Auf den einsamen, verwunschenen Pfaden fühlt sich ein Pilger wie im Mittelalter, hier in der Stadt ist er fremd. Schmutzige, belebte Straßen, Hinterhöfe, hohe Häuser; mit einmal bin ich sehr müde. Dann bleibe ich fast ruckartig vor einem Haus stehen, das über und über mit Muscheln geschmückt ist, nicht nur mit »Jakobsmuscheln«, nein, mit den verschiedensten kleinen und großen Muscheln – in reichen Wappen-Ornamenten und Mustern sind die Muscheln an der grauen Hausfläche miteinbetoniert; mit offenem Mund staune ich über dies unerwartete Wunder inmitten einer schmutzigen Vorstadt.

Pamplona – Einzug in eine »bekannte« Stadt. Wieder über den Río Arga, über eine alte Brücke, an der ein Pilgerkreuz steht, verwaschen und verwittert, aber ein Kreuz, das daran erinnert, wie viele hier schon standen, mit banger Hoffnung im Herzen. Ganz stark ist wieder das Gefühl, als zöge, gleich einem Geisterzug, der Zug der »Pilger« aller Zeiten mit mir auf diesem Weg, der älter ist als die Pilgertradition des Christentums.

Plötzlich kommt mir eine alte Frau entgegen, an der Muschel und meinem Aufzug erkennt sie die Pilgerin. Sie fängt mich ab, nötigt mich auf eine Bank. Ein junger Bursche kann ein wenig Englisch, inzwischen verstehe ich auch ein bißchen Spanisch. Die alte Frau sitzt also da und schaut nach Pilgern aus, gibt ihnen ihre Adresse – bei sich hat sie, sorgsam in Plastik gewickelt, einen ganzen Stapel von Postkarten aus aller Welt, von Pilgern, die ihr geschrieben haben. Soviel ich verstehe, arbeitet sie sonst im Refugio in Pamplona, das zur Zeit geschlossen ist. Als ich weitergehen will, umarmt und küßt mich die alte Frau, wünscht mir Glück auf den Weg, bittet, ich möge in Santiago für sie beten! Dieser Wunsch wird mir noch öfter begegnen auf dem Wege, aber hier, beim ersten Mal, rührt er mich am stärksten. Während ich weitergehe, bete ich lächelnd in meinem Herzen für die alte Frau – weshalb sollte ich damit bis Santiago warten?

Das letzte Stück nach Cizur Menor ist quälend lang und anstrengend, alles tut weh. Wer von den anderen wird wohl in Cizur Menor sein? Es stört mich nicht – wie ich zuerst befürchtet hatte –, andere auf dem gleichen Weg zu wissen; tags ist man allein, abends – wer weiß, wen man treffen wird, wen nicht, wen man schon kennen wird, wen noch nicht. – Kurz nach sechs habe ich das Refugio gefunden. Was für ein freundlicher Platz! Ein altes, gediegenes Haus inmitten eines großen Gartens. Die nette Hausfrau und Herbergsmutter macht, kaum sieht sie meinen Fuß, gleich ein warmes Salzwasserfußbad bereit, stellt ein Fläschchen Jod daneben.

Die Pilgerherbergen haben alte Tradition, so wie fast alles auf dem Jakobsweg. Im 20. Jahrhundert ist es allerdings wirklich keine Selbstverständlichkeit mehr, daß dem Gast kostenlose oder fast kostenlose (hier in Cizur Menor muß ich umgerechnet ungefähr sechs Mark bezahlen) Unterkünfte zur Verfügung stehen. Allen voran die katholische Kirche, aber auch die »St. Jakobs-Gesellschaften«, die »Amigos del Camino«, die örtlichen Gemeinden und viele Privatleute beleben die Tradition der Pilgerherbergen. Ständig sind neue »Refugios« im Entstehen. Keines gleicht dem anderen. Ich werde noch die unterschiedlichsten Erfahrungen machen. Hier in Cizur Menor ist das Refugio klein. Ein heller Raum, mehrere Holzstockbetten, Leintücher auf den Matratzen, Kopfkissen, zwei kleinere Tische

– alles nett und wohnlich angeordnet, außer Klo und Dusche (mit warmem Wasser!) gibt es noch eine kleine Küche. Nach einem solchen Tag ist es gemütlich, als käme man nach Hause. Die Brasilianer sind da, Ines, der Deutsche von gestern Abend und Martin, den ich heute kennenlernte. Auch deshalb ist es ein bißchen so, als käme man heim. Jetzt werden die Erfahrungen des Tages ausgetauscht. Ines erweist sich als »Camino-Nurse«, wie sie sich selbst scherzhaft bezeichnet: Sie verabreicht mir ein ganz besonderes Pflaster für meine Ferse, betastet Martins Füße, bemitleidet ihn wortreich wegen der vielen Blasen – dankbar sieht er sie an. Ich koche Kräutertee für alle. Heiß und köstlich duftend erscheint er uns als etwas ganz und gar Herrliches! Vielleicht ist dies für alle der sonntäglichste Moment des ganzen Tages.

5. Noch eine hohe Säule

Von Cizur Menor nach Puente la Reina

Regen, schon beim Aufwachen, Nässe, alles kalt und unfreundlich. Ehe ich aufbreche, koche ich noch einmal Tee, fülle ihn in meine Flasche. Als ich mich nach einiger Zeit noch einmal umwende, sehe ich die Kirche von Cizur Menor von der Anhöhe heruntergrüßen. Ich singe während des Gehens. Die Ferse macht jetzt wieder mit, die hauchdünne Plastikfolie, die Ines mir gab, schützt sie wie eine zweite Haut.

Guendulain ist ein wahrhaft verwunschenes Fleckchen Erde! Alles trieft, ist üppig überwuchert, ein kleiner See mit tiefgrünem Wasser, darauf der Tanz fallender Tropfen, man erwartet, jeden Augenblick Undine auftauchen zu sehen … Ein kleiner schwarzer Vogel mit leuchtend gelben Streifen über Rücken und Flügel, winzige, zarte, blauviolette Sternblumen – so vieles, was ich gerne benennen möchte, aber keinen Namen dafür weiß! Immer wieder frage ich mich, woher wohl das Bedürfnis kommt, Dinge beim Namen nennen zu können, eine Bezeichnung dafür zu kennen, festzuhalten …

Das Grafenschloß, die Pfarrkirche, alles ist gänzlich verfallen. Man hat das Gefühl, in ein früheres Jahrhundert einzudringen. Noch stehen Säulengänge, wann werden auch sie stürzen? Vergänglichkeit pur, dazu der fallende Regen, sonst Stille – verwunschen, mysteriös, fröstelig, einsam. Mir ist sehr kalt, aber ich bleibe lange. Man kann in der zerfallenen Kirche noch erkennen, was wo war, in einer Seitenkapelle wächst Efeu, wo früher einmal ein Heiligenbildnis stand. – Der bezeichnete Camino kommt hier nicht direkt vorbei, einige der anderen Pilger sehe ich unterhalb vorbeiziehen. Mir waren die Ruinen vom Weg aus aufgefallen, so kletterte ich hinauf.

Mir war, als ich in den Bereich von Guendulain vordrang, als müsse ich mich ruhig verhalten, als dringe ich in eines der Gebiete ein, das man aus Träumen kennt. Und das Frösteln, das mich trotz des Wollpullovers und der Jakke nicht mehr losläßt, kommt auch aus meinem Innern heraus. Eine tiefe, beängstigende Trostlosigkeit und endloses Verlassensein bemächtigen sich meiner. Da sitze ich nun also, frierend, feucht, alleine in einer alten Kirchenruine, neben der ein zerfallenes Schloß steht, draußen rauscht der Regen, gleichmäßig, unaufhörlich. Ich möchte mit einmal am liebsten hier sitzen bleiben, die Augen zumachen und nie wieder weitergehen, auch nicht zurückgehen, nirgendwo mehr hingehen; nur dasitzen, eingehen in das Rauschen des Regens, vergehen wie diese alten Mauern. Ist es nicht ein Hohn auf alles Menschenwerk, daß hier Gras und Efeu Steine bewachsen, die einmal eingefügt waren in Gebäude von großer Schönheit? Ist es nicht, als hätte die alles überdauernde Natur nur ein Lächeln für den Wahn der Menschen, etwas Bleibendes schaffen zu können? Ein Grafenschloß! Sicherlich hatten die Grafen von Guendulain sich vor Hunderten von Jahren hier stark gefühlt und mächtig, vielleicht hatten sie hier rauschende Feste gefeiert und harte, prächtige Waffenspiele veranstaltet ...

Aber während ich immer mehr in solch schwermütigem Grübeln versinke, muß ich plötzlich über mich selbst lächeln: Ich weiß ja doch, woher all die Sehnsucht rührt und nach welchem »Grafen« ich mich sehne! Ach, wenn er doch jetzt durch den verfallenen Torbogen träte, eine wallende Feder am Hut, das Schwert an der Seite und in blauseidenem Wams, in einen hoheitlichen Mantel gehüllt! Und ich bin sicher: Wenn ich mich würdig erhöbe, um ihm entgegenzuschreiten, würde mein Rock den Boden streifen und die schweren Brokatstoffe um meine ganze Gestalt fließen und fallen, in meinem kunstvoll geflochtenen Haar würden Perlen glitzern wie Regentropfen. In meiner gut eingeschnürten Brust aber würde mein Herz vor Freude und scheuer Befangenheit zittern und beben wie ein kleines Vögelchen ...

Kurz vor Zariquiegui ein kleiner Friedhof – nur eine alte Steinmauer, mitten darin ein großer, stattlicher Baum, wohl eine Art Zypresse, eine Handvoll windschiefer Kreuze, keine Blumen, nur frischgrünes Frühlingsgras. Über dem Portal der romanische Kirche in Zariquiegui begegnet mir nun zum zweiten Mal eines jener geheimnisvollen Zeichen, »Crismón« genannt. Schon gestern abend sah ich eines über dem Eingangsbogen der Kirche in Cizur Menor. Es wird allgemein angenommen, das »Crismón« genannte Zeichen sei ein »Anagramm Christi«, vielleicht sogar das Zeichen, das Konstantin auf seine Fahne geschrieben hatte, als er »in diesem Zeichen« siegte und das Christentum annahm. Möglicherweise ist es aber auch ein Zeichen der Baubruderschaften. Man begegnet ihm in den verschiedensten Varianten wieder und wieder auf dem Jakobsweg.

Auf der Höhe vor Uterga treffe ich auf Jörg und Viola, gemeinsam kommen wir zur sogenannten »Quelle des Fluchs« oder »Quelle der Abkehr«. »Die Legende berichtet«, fängt Jörg fast feierlich an zu erzählen, »daß einmal ein halb verdursteter Pilger diese Höhe erreichte. Der Teufel gesellte sich zu ihm, als Pilger gekleidet, und versprach, ihm eine Quelle zu zeigen, falls er bereit sei, seinem Glauben an Gott abzuschwören, Maria und den heiligen Jakobus zu verfluchen und ihn, den Teufel, anzubeten. Der fromme Pilger tat aber nicht, was der Teufel von ihm verlangte. Nun erschien Santiago selbst, ebenfalls als Pilger gekleidet; er führte den Standhaften zu dieser verborgenen Quelle und gab ihm aus einer Jakobsmuschel zu trinken.« »Stellt euch vor«, lächle ich, »es gäbe all diese Geschichten nicht, wie langweilig wäre der Camino doch!« Wir lachen herzlich, ehe Viola, wieder ernst, überlegt: »Es ist immer wieder die gleiche alte Geschichte, die auch schon in der Bibel steht: Jemand wird ›versucht‹, er bekommt ›alle Reiche der Welt‹, oder er bekommt eben Wasser, dafür muß er ›nur‹ all das verfluchen, an das er glaubt, und einen anderen anbeten.« »Du meinst«, frage ich, »am Jakobsweg tauchen nicht nur irgendwelche Geschichten und Legenden auf, sondern es kehren sozusagen die typischsten der Menschheit wieder?« »Ja«, nickt Viola, »und woher wissen wir, ob an dieser Quelle nicht schon früher eine ähnliche Geschichte erzählt wurde, noch ehe es das Apostelgrab in Santiago gab?«

Im Weitergehen fragt Jörg fast unvermittelt: »Anna, du trägst auch die Muschel, was weißt du über die Jakobsmuschel?« »Zunächst das, was jedes Kind hier weiß«, gebe ich etwas zögernd Antwort, »daß dies keine Shellmuschel ist und keine Benzinwerbung, sondern eine Jakobsmuschel, das europäische Zeichen der Pilgerschaft, das man nicht nur in Spanien findet, sondern in ganz Europa. In Lübeck an der Ostsee habe ich selbst einmal eine im Museum gesehen, mit den zwei kleinen Löchern, durch die man eine Schnur ziehen kann.« »Du weißt genau, daß ich das nicht meine«, gibt Jörg zurück. Ich nicke: »Die Legende um die Muschel kennt ihr vermutlich auch: Als das Boot mit dem Leichnam des Apostels nach Galicien kam und in Noya aufs Land gezogen wurde, war es über und über mit Muscheln bedeckt. Eine andere Variante berichtet, ein oder zwei Ritter seien ins Meer gesprungen, um dem Schiff an Land zu helfen. Santiago selbst habe sie vor dem Ertrinken gerettet – auftauchend waren sie von Muscheln übersät.« »Ja, diese Geschichten kennen wir«, entgegnet Jörg, »aber was meinst du wirklich zur Muschel und ihrer Bedeutung?« »Die Pilger brauchten ein Zeichen, ein Kennzeichen«, meine ich nachdenklich, »die Muschel gab es da, wo das alte Ziel war: am Meer. Es gibt so viele Überlegungen dazu, ich weiß nur wenige, weiß auch nicht, ob es unter ihnen eine ›richtige‹ gibt. Man sagt, die Muschelform leite sich ab aus dem Gänsefuß, dem Zeichen der

Baubruderschaften. Die Venus-Muschel hat die gleiche Form; deshalb wurde wohl auch gesagt, die Muschel symbolisiere den reinen Schoß Marias, aus der die Perle Jesus erwächst. Praktisch war ihr Gebrauch als Löffel und Schöpfgerät, auch in unserer Legende hier schöpfte der Apostel-Pilger dem Verdurstenden Wasser mit einer Jakobsmuschel ... Wenn ich die Muschel trage, will ich damit sagen, daß ich Pilgerin bin, dies ist nun einmal das alte, allgemein bekannte Zeichen dafür, das jeder versteht; zugleich bedeutet es für mich, daß mein ›Ziel‹ nicht Santiago ist, sondern das Meer, Finisterre – ich finde, es ist ein schönes Zeichen!« Fast liebevoll greife ich nach der Muschel, die ich um den Hals trage. »Wir haben gehört«, fängt Viola nachdenklich noch einmal an, »daß man die Muschel mit der gewölbten Oberseite nach außen, also ›zu‹ nach Westen trug, auf dem Rückweg dann andersherum, denn nun hatte man im Meer gebadet, alles Alte abgewaschen, war ›offen‹ und ›frei‹ geworden.« »Zu Anfang«, entgegne ich, »trug man die Muschel sowieso erst auf dem Rückweg, als Zeichen, daß man wirklich in Santiago war. Es gab einen blühenden Muschelschwarzmarkt entlang des Camino, da auf königlichen oder päpstlichen Erlaß allein in Santiago Muscheln an Pilger verkauft werden durften ...« Jörg nickt, nachdenklich und herzlich fügt er hinzu: »Wir wissen nicht viel über die Jakobsmuschel, da hast du ganz recht, aber es ist ein schönes Zeichen. Wir wußten gleich, als wir dich in Roncesvalles sahen, daß du auch nach Finisterre willst – aber das lag nicht nur an der Muschel!« »Wundert es euch nicht«, frage ich, »daß man immer wieder Menschen begegnet, die irgendwie ›ähnlich‹ sind, und wo man das vom ersten Augenblick an weiß, ohne sich vorher je gesehen zu haben?« »Nein«, meint Viola lächelnd, »wieso sollte uns das wundern? Ich glaube, man zieht sich gegenseitig an und erkennt im anderen immer schnell, was man auch selbst ist. Deshalb ist ja die Gefahr so groß, im anderen zu stark das Eigene zu sehen und nicht wirklich den anderen.«

Fast unbemerkt kommen wir unterdessen nach Uterga, das so aussieht, als sei es einmal ein recht herrschaftlicher Ort gewesen. Ich wandere nun wieder alleine durch kniehohes, nasses Gras; wie ein feuchter Schleier ist immerzu leichter Nieselregen in der Luft.

Der nächste Ort ist Obanos. Man kann noch gut sehen, wie herrschaftlich und reich Obanos einmal war. Hier, wo der Landadel von Navarra lebte, verbündeten sich diese Adeligen gegen den König unter dem Wahlspruch: »Ein freies Volk für ein freies Vaterland!« – Ich möchte gerne wissen, wann das war, aber natürlich schweigen die stattlichen, teilweise wappengeschmückten Häuser und die große Kirche. Mir ist es naßkalt zumute, den ganzen Tag über nasse Füße, nasser Rocksaum …

Es ist erst kurz nach drei, als ich im ehemaligen Kloster bei der Kirche el Crucifijo, der Kirche des Gekreuzigten, einen Stempel bekomme. Im Kreuzgang wird gerade von einer lärmenden Horde Jungen Rundlauf gemacht – ein lustiger Anblick in solch heilig-stillen Hallen!

Im Refugio von Puente la Reina sind schon Ines, Martin und noch ein paar Männer, die mir unbekannt sind. Wir machen ein Feuer im Kamin das Vorraumes, aber es bleibt unfreundlich kalt und feucht, die Herberge ist entsetzlich trist, wirkt wie ein Gefängnis: furchtbar engstehende Stockbetten mit feuchten Matratzen, winzige Fensterchen hoch oben, aber bei dem Wetter ist es gut, überhaupt ein Dach über dem Kopf zu haben!

Schließlich klart es auf. Es sieht so aus, als würde es die nächsten zwei Stunden nicht regnen; ich beschließe, die drei Kilometer nach Eunate an der Straße entlang zu pilgern, um in Sandalen bleiben zu können. Eunate ist wirklich ein Bauwerk aus Musik! So oft hatte ich es schon auf Fotos gesehen, hatte davon geträumt – nun wirklich selbst davorzustehen, ist auch schon fast ein Traum. Der Name »Eunate« kommt wohl aus dem Baskischen und bedeutet soviel wie »Hundert Tore« – hundert Tore wohin? Zum Jenseits? Zur eigenen Seele, dem eigenen Selbst? Zur

Liebe? Zu Gott? Hundert Tore – ein schöner, ein verheißungsvoller Name! Wegen des Arkadengangs, der rings um das ganze Gebäude läuft, paßt er auch gut. Steingewordene Musik, Harmonie, Glaube, Liebe, Hoffnung, ein »Gefäß für die Phantasie« – ich meine mich zu erinnern, daß Carmen Rohrbach einige der Bauwerke des Jakobsweges so bezeichnete –: auch ein schönes Bild für Eunate! Durch ihre oktogonale, achteckige Form bringt man die kleine, goldene Kirche mit den Templern in Verbindung. Und die Templer! Schon allein der Name ist geheimnisumwittert ... Eunate steht inmitten freien Feldes; wäre nicht der Autolärm im Hintergrund, könnte man die stille, seltsame Stimmung des ganzen Ortes noch besser greifen. Ich gehe langsam durch den Arkadengang, leider haben Zeit und Witterung den Sandstein teilweise schon so angegriffen, daß nicht mehr an allen Kapitellen die Ornamente richtig zu erkennen sind.

Wieder zurück im Refugio, kommen gerade auch Jörg und Viola. Wir lachen, als wir uns sehen, Jörg geht beschwingt-fröhlich auf mich zu und gibt mir einen Kuß – ich bin ganz überrascht, aber keineswegs »böse«. Noch ein wenig durch den Ort schlendern, die abendliche Stimmung in den schmalen, hohen Gassen genießen. Ich kaufe Joghurt und Obst und stehe dann lange, lange auf der neuen Brücke, um die alte im Licht der untergehenden Sonne zu sehen. Puente la Reina, die Brücke der Königin – man ist versucht zu sagen: auch eine Königin der Brücken! Ich kann mich gar nicht satt sehen. Was für eine leicht-beschwingte Schönheit in schwerem Stein! Die sechs Halbbögen zwischen den Pfeilern ergeben zusammen mit ihrem Spiegelbild jeweils einen vollkommenen Kreis, fünf kleinere Durchbrüche in der Form romanischer Bogenfenster lockern Brücke und Spiegelbild zusätzlich auf. Sie hat dieses Ungekünstelte, Schlichte des wahrhaft Großen. Es ist nichts Überflüssiges an ihr, man könnte nicht das kleinste Steinchen wegnehmen. Und während mein Blick sinnend auf dem warmen Goldton der Steinbögen im letzten

Licht des Tages liegt, muß ich an eine Zeile Saint-Exupérys denken: »Vollkommenheit entsteht offensichtlich nicht dann, wenn man nichts mehr hinzuzufügen hat, sondern wenn man nichts mehr wegnehmen kann.« Geht es bei Entwicklungen und Erfindungen nicht letztlich immer darum, Überflüssiges wegzunehmen, zu vereinfachen, bis etwas unauffällig wird, schlicht, in der größten Einfachheit die größte Schönheit besitzt?

Man weiß nicht einmal mehr sicher, welche Königin im 11. Jahrhundert den Auftrag gab, die Brücke über den Río Arga zu bauen, um den Pilgern ein besseres Vorankommen zu ermöglichen. Mit der Brücke erhielt der Ort seinen Namen und seine Bedeutung. Über zweihundert Jahre gehörte er dann den Templern, die verpflichtet waren, Pilger »aus Liebe zu Gott« kostenlos aufzunehmen.

Neben der Brücke beeindruckt mich das romanische Portal der Santiago-Kirche am tiefsten. Ein fünffaches Band voller Figuren! Stundenlang könnte man ein solches Portal betrachten und noch immer würde man neue Muster, neue Ornamente, neue Figuren entdecken.

Müde und fröstelnd treffe ich in der Dämmerung vor dem Refugio noch auf Susanne, die aus Berlin kommt. Sie hatte schon von mir gehört, wir lernen uns aber erst hier kennen. Es ist lustig, wie ein kleiner Kreis sich bildet, man sieht sich wieder und wieder, man gehört irgendwie zusammen und doch weiß man bei keinem Auseinandergehen, ob das nicht vielleicht schon der letzte Abschied gewesen ist.

6. »Doch weißer Blütenschnee ...«

Von Puente la Reina nach Estella

Nach einer schrecklichen Nacht mit Enge, Geschnarche und wenig frischer Luft wird es ein um so gemütlicherer Morgen mit heißer Dusche, Postkarten-Schreiben und ähnlichen Erledigungen. Jörg und Viola gehen nach Eunate, lassen ihr Gepäck unter meiner Obhut. Erst am frühen Nachmittag mache ich mich auf, Puente la Reina zu verlassen – und stehe zunächst noch einmal auf der neuen Brücke, um die Königin der Brücken, die Brücke der Königin zu betrachten. Auf ihrer Höhe stand bis ins 19. Jahrhundert ein Torbogen, in dem ein Madonnenbildnis verehrt wurde. Es wird erzählt, ein kleiner Vogel sei regelmäßig gekommen, habe seine Flügel im Fluß untergetaucht und mit nassen Flügeln das Marienbild »geputzt«. In kriegerischen Zeiten sahen die Bewohner in dem Vögelchen einen Trostbringer des Himmels, so daß ein feindlicher Befehlshaber den Torbogen samt Marienbild entfernen ließ, um den »Aberglauben« zu beenden. Seitdem bangt man um die Brücke, die – als eine der einzigen – mit nur minimaler Restauration unverändert aus dem 11. Jahrhundert erhalten ist. Außerdem starb der feindliche Kommandant natürlich kurz nach dieser Freveltat eines »unnatürlichen Todes«. Der kleine Vogel wurde nie wieder gesehen, aber im ganzen Baskenland singt und erzählt man von ihm, wie von einem der alten Helden ... Ich wünschte, ich würde das Vögelchen jetzt sehen, wie es heranflöge, Schnabel und Flügel ins Wasser tauchte und anfinge, die Brücke zu säubern ...

Überall am Fluß stehen Akazien, deren Samenflocken durch die Luft fliegen und treiben, als würde es weich und leise schneien, während die Sonne heiß vom Himmel brennt. Auf dem Fluß treibt ein leichter, weißer Flaum aus Akazienflocken. Mir kommt ein altes Lied in den Sinn, das ich zum ersten Mal richtig verstehe: »Weiße Akazien an endlosen Straßen, hell ist der Staub, doch weißer Blütenschnee ...« Nur schwer kann ich mich trennen und weitergehen.

Sonnencreme, Strohhut – in glühender Mittagshitze durch ausgedörrtes, trockenes Land, auf und ab, mühsam und schwitzend einen Schritt vor den anderen – ich beeile mich nicht. In meinem linken Fuß habe ich bei jedem Schritt stechende Schmerzen. Wie viele Blumen und Blümchen es gibt in dieser »Wüste« unter der sengenden Sonne auf der rötlichen, knochentrockenen Erde! Zu gerne möchte ich wissen, wo der Regen der letzten zwei Tage hingekommen ist! Ich komme aus dem Staunen gar nicht heraus. Da sind vor allem klitzekleine blaue Sternchen, die in einer solchen Zartheit und »Reinheit« aus der rissigen Erde wachsen, daß man gar ein bißchen gerührt wird ... Und Heckenrosenbüsche! – dazwischen, ganz unerwartet, weit weg von jedem Dorf, ein Rosenstrauch mit einer einzigen, vollerblühten, tiefroten Rose. Gegen den strahlendblauen Himmel diese eine einzige Rose in ihrer Vollkommenheit! So muß T. Wilders Rose ausgesehen haben, nachdem die Nachtigall ihr ihr Herzblut für die Liebe gegeben hatte!

Es wird eine lange, heiße Wegstrecke. Mitunter wandere ich wie in Trance unter dem Flimmern, dem Immergleichen des Gehens, ich verspüre auch keinen Hunger, nur trinke ich natürlich viel. Einmal ein Brunnen, als der Camino die Straße streift und überquert – was für ein Gefühl der Seligkeit und der Erquickung, nicht nur die Flasche neu zu füllen, sondern auch Arme und Gesicht unter den kalten Strahl zu halten ...

Ein Stück vor Ciraqui holt Jörg mich ein, Viola ist noch etwas zurück, so gehen wir beide gemeinsam auf die wunderschöne mittelalterliche Märchenstadt auf dem Hügel zu, die in flimmerndem Licht vor uns liegt. Mit ihrem weißen, hellen Glanz, den eng gedrängten Häusern, dem Kirchturm darüber und der aufstrebenden Form der auf einem »Berg« erbauten Stadt – durch all das prägt sich Ciraqui als eine »Tausendundeine-Nacht-Stadt« in uns ein, eine Erscheinung, gemischt aus arabischen Märchenwelten und aus europäischem Mittelalter. Jörg meint sinnend: »Ich denke, hier kannst du sehen, wie es früher immer aussah: Die Kirche, oder auch die Moschee, jedenfalls das Gotteshaus, hat den höchsten Turm, ist das herausragendste Gebäude eines Ortes, einer Stadt gewesen. Später wurden es dann nach und nach ›weltliche‹ Gebäude, Türme, Lagerhäuser ... Heute sind es Wohn-Hochhäuser, Banken, Radio- und Fernsehtürme – und da wundert man sich dann noch, daß die heutige Zeit und die Menschen so sind, wie sie sind ...«

Im Ort verliere ich die beiden anderen dann wieder, sie gehen gleich weiter, während ich hier noch eine Rosenranke an verwittertem Steingemäuer bewundere, da ein Gebäude, zuletzt das romanische Portal der Kirche St. Roman, sehr ähnlich dem der Santiago-Kirche in Puente la Reina. Von dem Platz vor der Kirche aus hat man einen guten, weiten Blick. Karges Land breitet sich im grellen Licht zu Füßen des Ortes, trocken, staubig – und doch irgendwie »passend« und reizvoll. Schon ein Stück weiter, auf der anderen Seite des Tales, sehe ich Jörg und Viola wandern. Viola scheint mühsam zu gehen, als schmerzten sie die Schritte über das normale Maß hinaus. Endlich pilgere auch ich weiter, über eine ehemalige Römerstraße, von der aber außer einer alten Steinbrücke kaum noch etwas zu erkennen ist. Es ist ein seltsames Gehen in der lastenden Hitze – es dörrt alles in einem aus, macht einen selbst gleichgültig, zu einem Teil der Landschaft ringsum, man scheint mit ihr zu verschmelzen.

Urbe – ein verschwundenes Dorf aus dem 13. Jahrhundert, das schon im 18. Jahrhundert verlassen wurde. Nur noch Mauerreste unterm Gestrüpp. Es ist vollkommen ruhig hier – ich lege mich ins Gras und schlafe bald ein. Im Dämmern zwischen Noch-Schlaf und Wieder-Erwachen beschäftigt mich die Frage: Was waren die Mauerreste um mich, war dies einmal ein Schlafzimmer, ein Studierzimmer? Was geschah hier, haben sich hier Menschen geliebt, gehaßt? Es ist die alte Frage nach der Vergangenheit, die an solch einem Ort greifbar lebt. Liegt es nur am Wetter, daß ich mich hier geborgen fühle, mich an die sonnenwarmen Steine und ins dürre, dürftige Gras schmiege? Es ist, als sei ich in Urbe zu Hause, in Urbe, das es doch schon seit gut 200 Jahren nicht mehr gibt. Ich merke es später, als ich den anderen gegenüber Urbe erwähne: Außer mir hat keiner überhaupt wahrgenommen, daß hier einmal Fundamente eines Dorfes waren, »Urbe« hat für keinen anderen etwas bedeutet. Ich weiß selbst nicht genau, weshalb ich noch weiterwandere; es ist schon nach fünf Uhr, als ich aufbreche. Über die uralte Steinbrücke mit ihren zwei Bögen, die über den Río Salada führt, gehe ich mit leisem Schaudern: Dies ist also der Fluß, dessen Wasser für die Pferde, wenn sie es tranken, todbringend war, so daß die Bewohner von Lorca mit geschliffenen Messern auf die verendenden Pilgerpferde warteten ...

In Villatuerta finden sich die Bewohner gerade zur Messe vor der Kirche zusammen. Das hohe, kühle, dämmrige Kirchenschiff tut mir gut nach der hellen Hitze des Tages, die jetzt langsam abklingt. Noch einige Minuten auf einer Bank vor der Kirche, die Schultern etwas ausruhen, mit den Leuten reden – weiterziehen.

Auf einer kleinen Anhöhe steht die Kapelle San Miguel, ein hübsch anmutendes, halb zerfallenes Kapellchen. Gerne würde ich irgendwo an einer ihrer Mauern schlafen, aber rundum sind große, nahe Straßen, ich bin unbemerkt schon zu weit in Estellas Stadtbereich geraten, um noch wirklich gemütlich draußen zu schlafen, auch möchte ich gerne noch ein Stück laufen, jetzt, wo es angenehm abendlich wird – außerdem ist es keine schöne Vorstellung, am nächsten Morgen als erstes Straße und Stadt vor sich zu haben.

Nun heißt es also: sich beeilen, um noch rechtzeitig ins Refugio zu kommen. Plötzlich endet der Camino an einer eingestürzten Brücke – zurück zur Straße, Zeit »verloren«. Wieder in Sandalen an der Straße entlang, ewig weit nach Estella hinein – ein trostloser Gang: Vorstadtgebiet, sehr dreckig und unschön … Ich will jetzt nur noch ankommen.

Estella. Die Ansicht der Altstadt ist durchaus merkwürdig und ungewöhnlich, das macht vor allem die Brükke. Über den Río Ega führt eine einbogige Brücke, die von unten her gesehen einen Halbkreis macht, oben aber eine Spitze als Scheitelpunkt hat. Hinter diesem ungewöhnlichen, aber sehr charakteristischen Gebilde wachsen die Häuser und Türme der Stadt auf, spiegeln sich im dunklen Wasser.

Obwohl ich es eilig habe, haben müßte, bleibe ich stehen, um das Portal der Iglesia San Sepulcro mit seinen sage und schreibe zwölf Archivolten zu betrachten. Die Apostel, das letzte Abendmahl, der heilige Jakobus als Pilger – es sind beeindruckende Gestalten, plastisch und ausdrucksvoll. Gleich bei dieser Kirche liegen, am Hang hinauf, irgendwelche Konventsgebäude, recht verfallen und teils eher Ruinen, darunter ein großer Platz, auf dem ein junger Reiter ein edles, wildes Pferd einreitet. Dieses Bild im schon dämmrigen Licht wirkt, als sei eine alte Szene, ein Bild aus Estellas großer Zeit lebendig geworden. Lange sehe ich dem Reiter zu, berausche mich an der Kraft und Unmittelbarkeit dieses Bildes.

Das Refugio ist sehr schlecht angezeigt, ich bin schon fast wieder aus der Altstadt draußen, als mich ein merkwürdiger Kauz auſliest. Er ist zudringlich, riecht nach Alkohol – später erfahre ich, daß er auch einige der anderen irgendwo hingelotst hat. Als er mich auf dem Rathaus abliefert, dämmert es bereits. Der Mensch im Ayuntamiento ist sehr nett zu mir, ein menschlicher Beamter, obwohl er streng wirkt in seiner dunklen Uniform. Er gibt mir einen Stempel und fragt, ob ich hier schlafen wolle. »Si!« sage ich, »Refugio!« Er blickt ein bißchen ratlos, telefoniert hin und her, draußen wird es dunkler. Der Beamte ruft dann irgendein Fräulein herbei, das Englisch kann, auch sie sehr nett und herzlich. Es gäbe hier kein Refugio, erst im Juni oder Juli werde es geöffnet. Ich zeige die Liste, die sie uns in Roncesvalles im Kloster gegeben hatten, aber das hilft nichts. Schließlich haben sie die Idee: Campingplatz. Nun gut, denke ich, es ist ja eine Ausnahme. Da es inzwischen schon fast dunkel ist, werde ich im Polizeiauto von einem netten Polizisten zum Campingplatz gefahren, der ein Stück außerhalb liegt – in der Richtung, aus der ich in die Stadt einwanderte ... Beim Campingplatz liefert der Polizist mich mit der einfachen Erklärung ab: »Una Peregrina!«, dann grüßt er und geht. Der Mann am Empfang gibt mir einen Schlüssel, sein Gehilfe kann einige Worte Englisch: Ich solle zu der Bungalowreihe am Ende des Platzes gehen, Nr. 6 (»It's yours!«). Am nächsten Morgen, wenn ich ginge, solle ich den Schlüssel hier in den Briefkasten werfen. Ganz verwirrt frage ich, ob ich denn nichts zu bezahlen habe? Da lachen die beiden herzlich: »Nein!« – und wünschen mir eine gute Nacht.

Ein bißchen benommen vor Müdigkeit und all dem Überraschenden gehe ich über den Platz – Una Peregrina! Wie sie sich alle um mich bemüht hatten! Und Geld wollten sie auch nicht! Es ist wirklich, als würde den Pilger bis heute eine Aura der Heiligkeit umgeben, der Besonderheit. »Una Peregrina«, das ist nicht irgendein Mädchen auf Wanderschaft, das in der Gegend herumzigeunert, sondern das ist ein gesegneter, bewundernswerter Mensch, dem man alles Gute wünscht auf dem schweren, dem weiten Weg.

Noch eine heiße Dusche und um halb elf endlich todmüde schlafen gehen. Es windet stark und riecht nach Regen, der aber erst spät in der Nacht fällt. Die Tür meines Raumes lasse ich weit offen.

7. Lizarra oder: Eine Stimme der Natur

Von Estella nach Los Arcos

Susanne und ich sitzen gemütlich bei einer Tasse Milchkaffee in großen, mit buntgeblümtem Stoff bezogenen Korbsesseln vor einer kleinen Bar im Freien. Ein wenig schüchterne Morgensonne kommt durch die Wolken.

»Wo bist du denn gewesen?« fragte Susanne lachend, als wir uns vor einer Viertelstunde zufällig über den Weg liefen, »wir dachten, du schläfst irgendwo draußen«. Es gab also doch ein Refugio in Estella. Auch Jörg und Viola waren sehr spät noch dorthin gekommen, Viola mit großen Schmerzen in den Knien ... Da waren sie also wieder, »die anderen« – ich war selbst erstaunt, wie gut es tat, wieder »Anschluß« zu haben ...

Für 200 Pesetas dürfen wir in die Kirche und den Kreuzgang von San Pedro de la Rúa. Schon vor dem Einlaß, auf der Treppe, werden Susanne und ich bestaunt, als seien wir lebende Schaustücke und Fossilien. »Ihr seid wirklich zu Fuß unterwegs?« »Glaubt ihr denn, daß ihr das durchhaltet bis Santiago?« »Wieviel Kilometer lauft ihr denn so am Tag?« »Ist das nicht zu gefährlich, nur so zu zweit, als Mädchen? – Ach, jede von euch geht alleine? Um Gottes Willen!« – Wenn ich nicht ganz genau wüßte, daß ich diese Kirche unbedingt sehen will! denke ich ärgerlich; laut sage ich auf die Frage, ob wir auch schon Eintrittskarten gekauft hätten: »Ja, und man hat uns im Tourist-Büro gesagt, wir sollten uns der deutschen Reisegruppe anschließen, die gleich komme. Um eine Kirche und einen Kreuzgang wie diesen hier zu sehen, muß man halt leider die deutsche Touristengruppe mit in Kauf nehmen!« Ich tue so, als merkte ich nicht, daß Susanne mich entsetzt ansieht, einer, offensichtlich der Führer der Gruppe, meint: »Nun, nun, Frau Pilgerin, es hat halt jeder so seine eigene Art, unterwegs zu sein ...«

San Pedro de la Rúa, eines der Herz- und Glanzstücke Estellas. Die hohe Kirche beeindruckt hauptsächlich durch die wunderbare, bereichernde Weise, in der späte Romanik und frühe Gotik sich mischen. Das schönste ist aber doch der Kreuzgang! Nord- und Westflügel sind erhalten, innerhalb des Kreuzganges gepflegter Rasen, geometrische Wege, ein hoher Nadelbaum; wo die beiden noch erhaltenen Flügel aufeinandertreffen, ragt die Kirche auf, eine große Rosette wie ein wachsames Auge auf den Innenhof gerichtet, darüber der viereckige, eher flache Turm. Wieder einmal kann ich es kaum glauben, daß wir uns innerhalb einer Stadt befinden. Man betritt ein stilles, weltfernes Königreich, sobald man durch das Portal geht ... Eine niedrige Holzbalkendecke, wie so oft bei romanischen Kreuzgängen. Die Säulen sind »Zwillingssäulen«, ich weiß nicht mehr, ob das der richtige Ausdruck ist für eine Säule, die aus zweien besteht, auf denen dann nur ein Kapitell aufsitzt; ich jedenfalls nenne sie »Zwillingssäulen«. Und was für eine atemberaubende Reichhaltigkeit an Motiven, Figuren, Ornamenten die Kapitelle schmücken! Deutlich sind biblische Szenen erkennbar, oder auch Darstellungen aus dem Leben Heiliger; faszinierender aber ist die Welt der pflanzlichen und tierischen Motive, der Fabelwesen, der Drachen, all der geheimnisvollen Dinge, deren Bedeutung verloren ging. Ein Kapitell fesselt mich besonders. Es zeigt Harpyen, Frauen mit Vogelkörpern. Jeweils zwei dieser Wesen sehen sich an, ihre Gesichter berühren sich, so daß es eher wirkt, als küßten sie sich oder rieben die Nasen aneinander. Ihre Federschwänze wachsen sich nach oben in immer tollere Windungen und Schnecken-Schlingungen aus, in sich schön verziert, herz- und wellenförmige Blattmuster, jeder Frau ringelt sich das Haar in einer weichen, lockigen Drehung auf die Schulter, die schon keine weibliche Schulter mehr ist, sondern die eines Vogels, vermutlich eines Adlers …

Susanne wartet schon vor der Kirche auf mich. »Weißt du, was das da unten für ein Gebäude ist?« fragt sie. »Ja«, nicke ich. Wir stehen oben an der langen Treppe, die zu San Pedro de la Rúa hinaufführt. »Es ist der Königspalast Navarras – eines der wenigen erhaltenen Zivilgebäude der Romanik.« Während wir gemeinsam zur Kirche San Miguel gehen, fragt Susanne: »Weißt du, weshalb auf Ortsschildern und Stadtplänen Estella auch ›Lizarra‹ heißt?« »Ja«, nicke ich, »Lizarra ist baskisch und heißt ebenso ›Stern‹ wie ›Estella‹. Estella war zwar, so viel ich weiß, eine Frankensiedlung und lange Zeit wurde hier hauptsächlich provenzalisch gesprochen, aber heute, wo die Basken sich auf ihre Sprache besinnen, siehst du oft die zweisprachigen Ortsschilder.« »Was hältst du von solchen Freiheitsbestrebungen?« will Susanne wissen. »Ich weiß zu wenig darüber«, muß ich zugeben, »aber Völker und Volksgruppen, die um kulturelle und sprachliche Unabhängigkeit und ein eigenes Selbstbewußtsein kämpfen, haben eigentlich immer meine Sympathie. Und extreme Gruppierungen wie die ETA gehören leider oft dazu in solchen Fällen. Durch deren Gewalt wird aber doch das Bestreben an sich nicht falsch. Siehst du, die Basken, ›Euskadi‹, wie sie sich selbst nennen, sind vielleicht eines der ältesten Völker, die es in Europa gibt, jedenfalls wissen wir nichts über ihren Ursprung, ebenso rätselhaft ist ihre Sprache, die sich der indogermanischen Sprachfamilie überhaupt nicht zuordnen läßt. Daß dieses wilde Volk, über das wir so wenig wissen, gerade mit dem Camino so viel zu tun hat, macht mich nachdenklich – vielleicht hat es auch mit manchem seiner Geheimnisse mehr zu tun, als wir ahnen.«

San Miguel hat ein großartiges Portal – drei erzählende Archivolten, Figuren voller Leben, schreckliche und komische Fratzen. »Ob die Menschen zu jener Zeit – die ›Eingeweihten‹, die solche Werke schufen – überhaupt etwas nur zum Schmuck, zur Verzierung formten?« frage ich leise und nachdenklich, »ich vermute eher, daß alles seinen tiefen, hintergründigen Sinn hat, jede kleine und kleinste Ranke, jedes Blatt, jedes Muster …«

Als wir die Treppe wieder hinuntergehen, sage ich zu Susanne: »Ich möchte so gerne mehr wissen über die Sterne!« »Wie meinst du das?« fragt Susanne erstaunt. »Na, du weißt doch: ›Sternenweg‹, und hier heißt ein Ort ›Stern‹, und man sagt auch, der Camino sei die Projektion der Milchstraße, denn er verläuft auf einer erstaunlich exakten Linie zwischen dem 42. und 43. Breitengrad. Irgendwo habe ich sogar gelesen, es gebe oder gab außer Estella noch viel mehr Orte nahe des Camino, die den Stern im Namen haben, so daß es wirklich zwei Sternenstraßen nach Santiago gibt, nicht nur in der Legende, in der Karl der Große im Traum zwei Sternenstraßen nach Galicien gezeigt bekommen haben soll. Und ich denke mir: Verstünde man mehr von diesen Dingen, könnte man vielleicht an dieser Stelle tiefer eindringen in die Kenntnisse der Sternenwelt und aller astronomisch-astrologischen Zusammenhänge, die die Kelten ja wohl gehabt haben müssen …« Susanne nickt: »Was du sagst, hört sich sehr spannend an!« – Es beginnt heftig zu regnen, wir schaffen es gerade noch zum Tourist-Büro, ehe starker Hagel niederprasselt.

Susanne und ich gehen später noch zum großen Platz, sehen in den verschiedenen Bars die »Tappas« an und bleiben in einer kleinen Bar hängen, wo wir Fisch-Tortilla essen, dazu Rotwein trinken. Durch die offene Tür duftet alles nach Regen, nach feuchtem Staub. Susanne erweist sich als Kennerin der Weine La Riojas, ebenso erfahre ich von ihr, was es mit »Tappas« auf sich hat und mit »Tortillas«. »Tappas«, erklärt Susanne, »nennt man die Kleinigkeiten, die auf der Theke stehen und die man frei zusammenstellen kann, auch in kleinen Mengen, nur so als Häppchen zum Wein: Fisch, Käse, Gemüse, Eier, Teigwaren, was du willst!« Tortilla dagegen, das werde ich noch merken, sei eine Art Nationalgericht. Eigentlich ein Omelett, jedenfalls sind immer viel Eier dabei, in der Pfanne gebakken, wie ein großer Kuchen, von dem dann Stücke abgeschnitten werden. Meist sind geriebene Kartoffeln die Grundlage, es gibt Tortilla mit Fleisch, mit Fisch, mit Zwiebeln, verschiedenem Gemüse, Pilzen – kurz, in allen Formen und Arten. Es gebe nie zwei Bars, in denen die gleiche Tortilla angeboten wird.

Susanne kann sich noch nicht entschließen, weiterzugehen, ihr gefällt die Stadt; mir auch, sehr sogar, aber jetzt ist es halb eins, es drängt mich, zu marschieren. Abschied von Jörg und Viola, diesmal schwerer als bisher: Sicher, alle gehen wir davon aus, daß wir uns wiedersehen – aber wo und wann? Ultreia! Aus Estella hinaus, das sich wirklich als ein Stern unter den Städten erwiesen hat …

Abgesehen von Villamayor de Monjardín und Urbiola kommt der Camino durch keine Ortschaften. Der Berg mit der Ruine von Monjardin liegt verheißungsvoll lokkend erst vor, dann rechts von mir. Bergzüge – noch Pyrenäenausläufer? –, die wie Zinnen rotschimmernd über dem dunklen Wald abbrechen und stehen. Hinter Estella geht es zunächst einige Zeit durch Olivenwald. Dann eine weite, wenn auch hügelige Landschaft unter einer irren Beleuchtung. Gelbe Rapsflächen, braune, gepflügte Äcker, frische Weinberge, die niedrigen Pflänzchen noch in fast gelblichem Grün, Grün in verschiedenen Tönen – und dazu immer dieses unwirkliche Licht. Einige zerfallene Häuser oder Ställe am Weg, sonst nichts, nur ich selbst als winziger Mensch unter dem Licht, das mich fast verrückt macht in seiner Seltsamkeit, seiner Schönheit – ich möchte schreien vor ich weiß nicht was, möchte unkompliziert werden und in die Selbstverständlichkeit all der Dinge ringsumher aufgehen und eingehen, nur noch einer der Farbklänge sein, die sich dem Auge darbieten, einer der Düfte, einer der Vogelrufe, möchte eine der Stimmen der Natur haben, um einstimmen zu können in das selbstverständliche, immerwährende Lob Gottes, des Schöpfers …

Der Wind wird heftiger, gerade noch rechtzeitig ziehe ich den Poncho über, schon reißt ihn mir der Sturmwind fast aus den Händen, im nächsten Augenblick prasselt es heftig, stürmt, ich kämpfe mich gegen den Sturm vorwärts in einer geradezu rasenden Lust an der Auseinandersetzung mit dem Elementaren – zehn Minuten später ist alles vorbei, der Poncho schon wieder trocken. Ich bin richtig enttäuscht, als die 17 oder 18 Kilometer nach Los Arcos hinter mir liegen, am liebsten wäre ich nie dort angekommen!

8. Seelenleitern

Von Los Arcos nach Logroño

Der kleine Ort Sansol liegt auf der Höhe eines Hügels, ich stehe auf dem Kirchplatz; bis hierher bin ich heute sehr schnell gegangen. Die Sonne scheint, da aber ein frischer Wind weht, ist es nicht unangenehm heiß. Nachts hatte ich schlecht und spät geschlafen, obwohl ich ein eigenes kleines Zimmerchen hatte. Das Refugio war sehr heruntergekommen, eines der Stockbetten schon ganz in sich zusammengesackt, Klo und Waschgelegenheit in abenteuerlichem Zustand, aber es waren vier einzelne kleine Zimmer mit je drei bis vier Stockbetten, Ines und Martin waren schon da, Susanne kam später doch noch. Durch ein helles Scheinwerferlicht vor dem Haus war es nie recht dunkel im Zimmer geworden. So schlief ich lange in den Morgen hinein, es schlug neun Uhr von der hohen Turmglocke Los Arcos', als ich die Stadt verließ. Erst überholte ich Martin, dann Ines, die kauend am Wegesrand saß und mir lachend zuwinkte.

Gleich unterhalb des Hügels, keine zwei Kilometer entfernt, liegt Torres del Río in der Sonne; eine Handvoll Häuschen in der immer größer werdenden Weite der Landschaft: Olivenhaine und ausgetrocknete Äcker soweit man sehen kann. Schon von oben aus kann man erkennen, daß die Kirche von Torres del Río etwas ganz Besonderes in ihrem Grundriß hat – eine oktonale Grundform, ähnlich wie Eunate. Es ist eine schlichte, kleinere Kirche, merkwürdig kompakt, eindeutig romanisch, aber mit unverkennbar arabischen Einflüssen.

Eine halbe Stunde vor Viana hole ich Susanne ein, die heute schon sehr früh losging. »Hast du die Kirche in dem Ort unten am Hügel gesehen?« fragt Susanne. »Natürlich«, erwidere ich, »die war zu schön, um übersehen zu werden!« »Warst du auch drinnen?« »Nein«, gebe ich zu, »ich hatte keine Lust, mich auf Schlüsselsuche zu begeben, die ja vermutlich doch erfolglos gewesen wäre.« »Wäre sie diesmal nicht gewesen«, erklärt Susanne bestimmt, »ich war nämlich drinnen. Sie ist auch von innen so schön wie von außen.« »Schade«, meine ich bedauernd, »wenn ich das gewußt hätte!«

Einige Zeit gehen wir schweigend, dann meine ich nachdenklich, noch einmal auf die Sache mit dem Schlüssel zurückkommend: »Siehst du, Susanne, gestern habt ihr alle begeistert von der sagenhaften Klosteranlage von Irache mit ihrer Pracht und ihrem Reichtum erzählt, vor allem von dem Weinbrunnen, an dem jeder Pilger seine Flasche füllen durfte, und aus dem wirklich und wahrhaftig Rotwein fließt – Martin ließ mich aus seiner Flasche probieren, es war wirklich guter Wein! Zwar war ich mittags stehen geblieben, um aus der Ferne das Kloster zu betrachten, bin dann aber vorbeigezogen: So erfährt eben jeder den Camino anders, erlebt und sieht anderes mit anderen Augen ...« »Ja«, sagt Susanne, »aber wenn es nicht so wäre, könnten wir ja auch ein Buch über den Camino lesen und brauchten ihn nicht jeder selbst zu gehen!«

Noch verläuft der Weg ständig auf und ab, insgesamt wird es jedoch immer flacher – wir befinden uns bereits im Gebiet des Ebrobeckens. Plötzlich liegt Viana in der flimmernden Hitze des Horizontes. Dahinter wächst ein neuer, schneebedeckter Berggrat auf – kühl und erhaben.

In Viana versuchen wir, die hohe Barockkirche Santa María vielleicht doch auch ein bißchen schön zu finden, aber sie ist zu erdrückend-prächtig nach all der Schlichtheit der Romanik und der frühen, in ihren Formen noch so klaren Gotik. Bald geht Susanne weiter, ich sitze noch immer an dem leise plätschernden Brunnen, als Martin ankommt. Er sieht gar nicht gut aus – müde und bedrückt. Ich erfülle ihm gerne seine Bitte, eine Weile auf seinen Rucksack aufzupassen. Erst seit mir Susanne davon erzählte, weiß ich, daß Martin am letzten Abend in Los Arcos bestohlen wurde: eine Tasche mit allem Bargeld, der Zugrückfahrkarte nach Deutschland und irgendeinem Fotoobjektiv – alles weg. Er hatte die Tasche leichtsinnigerweise auf einem Stein vor dem Refugio liegenlassen, als er aufstand, um mit Ines zu sprechen, nur einige Schritte weiter – in der Nähe spielten Kinder. Martin war zwar bei der Polizei in Los Arcos, aber wie zu erwarten, war nichts zu machen. Jetzt ist er auf der Suche nach einer Bank, um wenigstens wieder Bargeld zu bekommen.

Hohe, stattliche Häuser, vermutlich ehemals Adelsbesitz, mit Wappen- und Figurenschmuck umstehen den Platz gleich neben der großen Barockkirche. Viana ist die letzte Stadt Navarras am Camino, nur neun Kilometer von Logroño, der Hauptstadt La Riojas am Ebro, entfernt.

Ehe ich weitergehe, schlendere ich noch um die Kirche herum, meinen Rucksack nun Martin überlassend. Ich finde die Steinplatte im Boden, die an Cesare Borgia erinnert. Als ich versuche, die Aufschrift zu entziffern, steht plötzlich Ines neben mir: »What are you looking for?« Gemeinsam können wir mit einiger Mühe die Inschrift übersetzen: »Cesare Borgia, der Befehlshaber des Heeres von Navarra und des Papstes, starb bei Viana im Feld, am 11. März 1507.« »Wer war Cesare Borgia?« will Ines wissen. »Hier in meinem Führer«, sie blättert suchend, »steht, daß seine Gebeine später aus dem Altarraum der Kirche entfernt und außerhalb vergraben wurden.« »Cesare Borgia war auf jeden Fall der Verwandte eines Papstes«, meine ich bestimmt, »Borgia war eines der großen Adelsgeschlechter, aus dem mehrere Päpste kamen, bei einem davon glaubt man sogar, daß es wohl eher eine Päpstin war. Aber warum Cesare Borgia nicht in der Kirche begraben bleiben durfte, weiß ich auch nicht. Wahrscheinlich, weil er einer der Feinde war.« »Wieso der Feinde? Er hat doch das Heer von Navarra befehligt, Viana gehört doch zu Navarra.« »Da hast du zwar recht«, entgegne ich, »in meinem Buch hier heißt es aber, zu Beginn des 16. Jahrhunderts sei Viana ›von Navarra abgefallen‹, also könnte es doch gut sein, daß die Heere des Papstes und Navarras Viana zurückerobern wollten oder wohl auch zurückerobert haben.« »Na ja«, brummt Ines, »nur wissen wir es halt nicht genau.« »Wir wissen doch fast nichts aus der Vergangenheit wirklich genau«, meine ich leise und nachdenklich. Ines sieht mich belustigt und erstaunt von der Seite an.

Ungefähr vier Kilometer hinter Viana verläßt der Weg Navarra – der Camino in Navarra ist also schon zu Ende! denke ich erschrocken – und der Pilger betritt Kastilien, La Rioja, das »Land Gottes«. Die letzten Kilometer nach Logroño verlaufen über Schotterwege. Es ist heiß, die Luft staubig und drückend. Olivenhaine und Weinberge, linkerhand erhebt sich der »Berg« Cantabria, auf dem es einmal eine bedeutende, antike Festung gegeben haben soll, die aber schon im 6. Jahrhundert durch die Westgoten zerstört wurde.

Der Weg führt an einem verkommenen Gebäude vorbei, außen herum ein großer Schrottsammelplatz. Irgendwo im Dreck sind einige magere Hunde angebunden. An einem Tischchen nah am Wege sitzt, zwischen Schrott und Gerümpel, eine alte, verhutzelte Frau, sie winkt mich zu sich. Auf dem winzigen Tischchen hat sie ein großes Buch liegen, die Seiten mit Steinen beschwert, damit der ständige Wind sie nicht umblättern kann – in dieses Buch soll ich mich einschreiben. Eine nette kleine Begebenheit am Rand des Weges – der Camino ist voll von Überraschungen. Große Teile der Bevölkerung sehen im Camino nicht nur eine »neue« Tourismusmöglichkeit, sondern etwas Großes, Heiliges, an dem sie Anteil nehmen als an etwas, von dem Segen auch auf sie fällt. So auch hier beim Abschied wieder der nun schon vertraute Wunsch, die Bitte: »Bete in Santiago für mich!«

Gleich am Stadteingang von Logroño ein großer Friedhof. Da das verzierte Gittertor in der Mauer entlang der Straße offensteht, kann ich es nicht lassen, einige Zeit darin umherzugehen. Friedhöfe haben immer eine Atmosphäre, die mich irgendwie anzieht. Zwischen den Gräberreihen hohe Zypressen, die man oft sieht in dieser Gegend, vor allem auf Friedhöfen. Ich muß dabei an Bilder van Goghs denken, der diese Bäume wieder und wieder gemalt hat, wild, stark, wie grüne Flammen, die lodernd zum Himmel schlagen. Auf Friedhöfen wirken sie noch auf andere Art »aufstrebend«, nach oben weisend, dadurch hoffnungsvoll, wie »Seelenleitern« in die Ewigkeit.

Logroño hat ein großartiges Refugio mit Waschmaschine und Küche und allem Drum und Dran. Nachdem ich geduscht und Wäsche gewaschen habe, schlendere ich noch ein bißchen durch die Stadt. Auf dem Platz vor der Kirche Santa María la Redonda spielt sich das abendlich-bunte Leben ab. Die Altstadt ist zum großen Teil sehr baufällig und heruntergekommen. Schön, sehr schön war der Anblick aus der Ferne gewesen, als ich auf Logroño zuging: Der Ebro, immerhin der breiteste Fluß, dem der Pilger auf seinem Weg nach Santiago begegnet, mit leichtbewegtem Wasser, die graue Steinbrücke mit den sieben ovalen, langgezogenen Bögen, darüber die Türme der Stadt, die sich, leicht verzerrt und aufgelöst, aber klar erkennbar, diesseits der Brücke im Fluß spiegeln: der hohe, spitze Turm von Santa María del Palacio, der »kaiserlichen Kirche«, gleich daneben der massigere Ziegelturm San Bartolomés, etwas weiter rechts die schlanken Zwillingstürme von Santa María la Redonda. Der Fluß und die Brücke im Vordergrund zeigen deutlich, wie sehr diese Stadt von ihrem Flußübergang lebte. Sie war zu allen Zeiten ein »Brückenkopf« des Camino. Schon aus dem 11. Jahrhundert ist ein Privileg bekannt, das der Stadt zusichert, daß keine weiteren Fährdienste oder Brücken auf rund 80 Kilometern neben Logroño erlaubt seien.

9. Von kurzer Ruhe aufstehen

Von Logroño nach Nájera

Aus Logroño hinaus zieht sich die Straße und zieht sich. Zunächst noch eine schöne Kirche, ein großes Storchennest auf dem Turm, ein interessanter Platz, auf dem im Boden Bildplatten wichtiger Bauwerke längs des Camino eingelassen sind. Ein frischer Wind weht, der Himmel ist bedeckt und bleibt wolkig, zieht sich immer mehr zu. Endlich geht die Stadt in ein Naherholungsgebiet mit kleinem See und Spielplätzen über. Das Wetter legt eine kühle Tristheit über alles. Nur einmal ein Angler, sonst bin ich allein.

Ungefähr zwei Stunden Marsch hinter Logroño: Ein Mohnblumenfeld! Ein weites Feld, lichtgrün, dazwischen zartgelber Raps, der sich leicht über allem wiegt, dann Mohnblumen, unzählig viele, leuchtend, im Wind mit den schweren Köpfen auf zerbrechlich dünnen Stengeln tanzend – hin und her. Wie Monets Mohnblumenbild, nur noch viel schöner, das Rot leuchtender und strahlender, da die Sonne fehlt, ein kalter Wind weht, die Luft nach kommendem Regen schmeckt, der Himmel fahl-düster und wolkenverhangen ruht. Wenn ich doch nur ein einziges Mal im Leben die Gabe eines Malers hätte, hier würde ich meine Staffelei aufbauen und den knorrigen, dunkel-verknoteten Stamm des Olivenbaumes malen, dahinter das Erdmäuerchen aus rötlichen Steinen, dahinter das rote Mohnblumenfeld in seiner Schönheit, dahinter, es begrenzend, die hohen, windgeneigten Pappeln, die Olivenbäumchen mit ihren kleinen, grünpelzigen Früchtchen, dahinter, in immer anderen rötlich braunen, grau-grünen, dunklen Farbtönen aufsteigend, die Hügel und Spitzen der nächsten Höhenzüge. Dazu würde ich das Sausen des Windes malen, der mir das Gesicht auskühlt, das Rascheln, das ganz eigene, unverkennbare Rascheln der Blätter der Olivenbäume, wenn der Wind sie befähigt, miteinander zu sprechen …

Irgendwann komme ich nach Navarrete, selbst verwundert darüber, wie schnell das ging. Ein häßlicher Ort, finde ich, schmutzig, heruntergekommen – der Himmel lastet bereits dunkel-drohend. Schon ein wenig außerhalb der Friedhof; sein altes, von Wind und Wetter stark verwittertes Portal war früher einmal ein Kirchenportal – wie viele dieser feinen Sandsteinarbeiten werden in absehbarer Zeit gar nicht mehr zu erkennen sein!

Dann muß ich wieder einige Kilometer an der Straße entlanggehen, es beginnt zu regnen. Trotzdem ist es sehr schön: tiefrote Erde, unzählige Weinberge, rote Bergzüge hinter Nájera, oben flach abgeschnitten. In Nájera angekommen, will ich nur so schnell wie möglich das Refugio finden. Fast ohne Pause bin ich die 25 Kilometer von Logroño hierhergepilgert, bin naß, kalt, müde und hungrig, meine Schultern, meine Füße tun weh. Ich habe gehört, daß hier das Refugio im Kloster Santa María de Real sei, darauf freute ich mich schon lange. Nachdem ich endlich das Kloster gefunden habe, werde ich weggeschickt, ohne daß man mir weitere Auskünfte über ein Refugio geben kann. Mühsames Durchfragen, bis jemand mich führt: Am Ortsrand gibt es in einem alten, naßkalten Schuppen einen feuchten Raum, einen Tisch, einige Betten … Wo die Brasilianer sind? Immer noch in Estella? Ines blieb gestern in Viana, sie wollte heute in Logroño in irgendein Konzert gehen, Susanne wollte in Logroño bleiben, Martin? Ich fühle mich sehr einsam und sehr trübsinnig. Ein bißchen besser geht es mir schon, als ich die klammen, feuchten

Kleider ausziehe und entdecke, daß es heißes Wasser gibt. Als ich aus der Dusche komme, sind Martin und Susanne da, beide mit dem Bus gekommen. Martin lief bis Navarrete, Susanne kam mit dem Bus von Logroño. Ich brauche noch eine halbe Stunde Schlaf, ehe es mir wieder gut geht, bis dahin ist dann auch der »Herbergsvater« gekommen, es gibt Stempel und Umtrieb.

Das Kloster Santa María de Real ist die Perle dieser nicht allzuschönen Stadt. Dabei weiß ich ja, wie sehr das jeweilige Wetter die Beurteilung eines Ortes beeinflußt. Mir ist klar, daß ich mancher Gegend, mancher Stadt Unrecht tue, gerade der Regen läßt hier vieles triste erscheinen, was in der Sonne vielleicht einen märchenhaften Glanz hätte. Susanne und ich sind die ersten, als das Kloster geöffnet wird, bald füllen sich Kreuzgang und Kirche, so nehmen wir die erste Viertelstunde in Ruhe als ein unerwartetes Geschenk. Sehr viel ist kaputt, fast allen Statuen im Kreuzgang fehlen die Köpfe, und doch gibt es noch viel zu bewundern! Vor allem die Arkaden, die den Kreuzgang begrenzen und ganz fein durchbrochen sind – wie Spitzenvorhänge aus Stein. Im Innenhof stehen Palmen. In der hohen gotischen Kirche prunkt ein scheußlich-goldener Barockaltar, sonst hat sie ein sehr schönes, graues Gewölbe, als einzigen Schmuck die Verzierungen der Kapitelle. Ziemlich weit hinten schimmern noch zwei alte, bunte Glasfenster in zarten Farben. Das Schönste ist aber die Grablege des kastilischen Herrscherhauses, das Panteón Real im hinteren Teil der Kirche, in den nur milchiges Licht durch Alabasterscheiben fällt. Steinsarkophage, lebensgroße Bildnisse der Verstorbenen auf den Särgen, so fein in Stein gearbeitet, so liebevoll und genau, daß es dem Betrachter vorkommt, als schliefen sie nur. Man kann sie ungestört betrachten, junge und alte Männer mit Bart und Krone, in Rüstung und Schwert, die Frauen mit großartigen Kleidern und feinem Schmuck. Lange betrachte ich jede der Figuren, fast schmerzlich verlangt es mich, etwas von ihnen zu wissen, wie sie gelebt haben, welches

Schicksal ein jeder von ihnen zu tragen hatte. Dieser junge Mann hier, dessen Lippen durch die halbdunkle Beleuchtung des Raumes einen Glanz haben, fast als seien sie noch feucht und lebendig, dessen kleiner Spitzbart so lustig wirkt, dessen Hände am Schwertknauf so lang und schmal sind wie Frauenhände – ob seine Lippen gelächelt, geküßt haben? Ob er ein Mädchen liebte? Oder ob er nur »Liebe« zur Macht kannte, über diese Lippen nur harte, herrische Worte gekommen sind?

Oder diese Frau hier, wie hehr und streng ihr Gesicht ist, dabei doch gütig und ruhig, vermutlich hat sie viel gelitten und ist daran gewachsen, hat still getragen wie die Frauen ihrer Zeit, hat – vermutlich – nicht aus Liebe geheiratet, eher aus »dynastischen Gründen«, hat vielleicht früh Kinder verloren, hat ... und hat doch auf Gott vertraut, hat Fraulichkeit und Güte bewahrt. Ihre schmalen Hände greifen in die reichen Falten des weiten Kleides, als wollte sie es eben nur raffen und von kurzer Ruhe aufstehen ...

Am Fußende eines alten Königs sitzen zwei kleine Figürchen, die richtig lustig sind, sich eins grinsen, den Kopf auf eine Hand gestützt: Was hat der Bildhauer sich dabei gedacht, einem so ernsten Totenbildnis zwei so kleine Spaßmacher beizugeben?

Hinter der Stadt erhebt sich in beeindruckender Weise eine rote Felswand, die teilweise in den Klosterbau miteinbezogen wurde, wodurch er größere »Ursprünglichkeit« ausstrahlt. Der Legende nach wohnte in Nájeras Burg der syrische Riese Farragut – ein direkter Nachfahre Goliaths, aber weitaus stärker als dieser. Farragut besiegte die besten Recken Karls des Großen, bis eines Tages der kühnste und tapferste erschien, der Kaiserneffe Roland selbst, welcher später sein Leben auf der Höhe von Roncesvalles verlor. Roland bestieg den roten Berg über der Stadt, nahm einen Stein von rund 25 Kilo und warf damit dem Riesen den Schädel ein – nach dieser David-und-Goliath-Geschichte La Riojas heißt der Hausberg von Nájera bis heute »Poyo de Roldán«, Rolandsfelsen. Der Kampf zwischen dem Riesen Farragut und dem Helden Roland ist ein beliebtes und häufiges Motiv entlang des Camino. Die bekannteste Darstellung, so wird zumindest in Estella behauptet, konnte ich vor zwei Tagen in Estella sehen, auf einem Kapitell am Königspalast. Allerdings warf Roland dort keinen Stein, sondern es waren eisengepanzerte Recken auf Pferden dargestellt, jeder mit rundem Schild, von Blumen- und Sternenmustern geschmückt. Am meisten hatte mich dort die Feinheit fasziniert, mit der jedes kleinste Detail aus dem Stein gehauen war – in unwahrscheinlicher Genauigkeit: die Mähnen der Pferde, die Kettenhemden der Kämpfer, die Barthaare … Selbstverständlich hatte auch dieses Kapitell schon viele abgesplitterte Stellen, aber der Eindruck von Präzision und Feinheit entstand noch immer.

10. Nach Santiago zu Fuß?

Von Nájera nach San Millán de la Cogolla

Früh um sieben hat es Nebel, dichten, feuchten Nebel, man sieht kaum ein paar Schritte weit. Der Weg nach Azofra ist ein breiter Feldweg durch hügeliges Gelände, rote Erde, vom Regen aufgeweicht, eine einzige Rutsch- und Schlittertour, schwere Klumpen hängen an den nassen Schuhen. Alles wirkt gespenstisch durch den feuchten Nebel, der mit kalten Fingern nach einem greift. Spinnweben hängen neben diesem Nebelweg nach Azofra, Spinnweben in den Büschen und Gräsern, weiß und durchsichtig-silbern, wie große, helle, tanzende Blumen, nein: wie die Geister und Gespenster von Blumen.

Kurz vor Azofra kommt man auf Teerstraße, und so wenig ich sonst Teerstraßen mag, heute sage ich: »Endlich!«; so kann ich doch wieder einmal richtig ausschreiten. In Azofra verlasse ich den Camino, gehe in Richtung Cañas weiter, um dort das Kloster anzusehen und anschließend die beiden Klöster bei San Millán de la Cogolla. Über kleine Landstraßen führt der Weg nach Alesanco. Dort bittet mich ein altes, gebeugtes Frauchen in ihre Küche zu einer Tasse Kaffee. Sie zeigt mir ihr kleines Haus, etwas heruntergekommen und schmuddelig, alles ziemlich »kitschig«: Heiligenbilder, Spitzendeckchen, grelle Farben, Plastikblumen. Sie erzählt viel – leider verstehe ich wenig – von ihren fünf Kindern, die in Burgos, Logroño und Barcelona leben, und daß sie hier sehr alleine ist. Sie holt Kekse aus dem Schrank, gibt mir noch sorgfältig eingewickelte Kekse mit auf den Camino, umarmt und küßt mich zum Abschied. Auch hier die Bitte: »Bete in Santiago für mich!« Es wirkt, als tue die alte Frau alles nach einem oft geübten, sozusagen rituellen Ablauf, als gehöre dies dazu, wenn man schon das Glück hat, daß ein Pilger sich hierher verirrt, abseits vom eigentlichen Weg nach Santiago. Ich möchte gerne wissen, ob diese Frau jedem Pilger genauso begegnet wäre und all dies nur getan hat, weil sie sich irgendwelchen besonderen Segen davon verspricht, ein »Teilhaben« an dem »Verdienst« der unbekannten Pilgerin, nach Santiago zu kommen? Ich habe oftmals das ungute Gefühl, solche Freundlichkeiten, auch die Refugien, die oft herzlichen Begrüßungen »gar nicht zu verdienen«, als jemand in Anspruch zu nehmen, der nicht dazu berechtigt ist, denn ich gehe ja nicht wegen Sankt Jakob auf diesem Weg, ich glaube doch gar nicht daran, mir irgendeine Gnade oder gar Sündenerlaß zu verdienen durch diesen Weg. Keiner der Menschen, denen ich am Rand des Camino begegne, wird mich jemals nach meinen Motiven oder gar meiner religiösen Überzeugung fragen, aber ich werde noch oft so behandelt werden wie heute morgen: so als setze jeder hier selbstverständlich voraus, daß ich auf dem Jakobsweg gehe, um zu einer Reliquie zu wallfahren, dort zu beten, um Absolution und sonstige Wunder zu bitten …

Schon das Zugehen auf Cañas ist schön! Da ist das Kirchenschiff des Klosters, hoch und gotisch, dahinter, immer wieder kurz und gespenstisch aus dem Nebel auftauchend, schneebedeckte Bergspitzen. Ich brauche einige Zeit, um eine kleine, energische Nonne aufzustöbern, die bereit ist, mich in die Kirche zu lassen. Als diese hört und sieht, daß ich allein unterwegs bin, gerät sie regelrecht in Entsetzen, schlägt ein ums andere Mal die Hände zusammen und starrt mich an wie eine Kranke. Plötzlich aber kommt ihr ein rettender Einfall: Sie berichtet mir, vor einer knappen halben Stunde sei ein Mann hier gewesen, ebenfalls allein, dem könne ich mich ja anschließen und mit ihm gemeinsam nach Santiago gehen; wenn ich mich beeilte, könne ich ihn vielleicht noch einholen! Innerlich schüttele ich den Kopf: Diese Frau scheint im Ernst zu meinen, ich solle meine Freiheit aufgeben und mich einem mir vollkommen unbekannten Mann anschließen, nur um nicht mehr »sola« zu sein – wie käme ich dazu!

Gerade jetzt pilgert Susanne daher! Der Beschließerin ist die Erleichterung deutlich anzumerken, als sich so eine Begleiterin für mich gefunden hat! Zusammen besichtigen wir die Kirche, welche sich als gotischer Traum erweist, bestehend aus hohen hellen Säulen, aus Kreuzgewölben, milchigen Alabasterfenstern, Licht-Schatten-Spielen und Harmonie. An einer Seite gibt es leider auch einen goldenen Barockaltar, aber nach der anderen ist es eine Gotik voll lichtdurchfluteter, schwereloser Schönheit – wie ist es nur möglich, daß Menschen so etwas bauen konnten? Dazu gehört ein Kreuzgang, in den die Sonne scheint und in dem unzählige Vögel zwitschern und jubilieren. In einem Museumsraum sind einige Bilder und Plastiken gesammelt, darunter eine Skulptur, deren Bedeutung mir rätselhaft ist: Eine fast lebensgroße, schöne Frau, goldenes Haar, reich verziertes Gewand, Schmuck, unter dem Kleid deutlich zu erkennen die Rundung der Brüste, der Schenkel, sie hält ein aufgeschlagenes Buch in der Hand, sieht aber den Betrachter an mit fraulich-weichem Gesicht; unter ihren Füßen, wie ein Kissen, auf dem sie steht, liegt ein Mann, bärtig, mit kronenartigem Kopfschmuck, klein, sehr klein im Verhältnis zu ihr. Was bedeutet das? Die Statue hat eindeutig gotische Züge – eine Frau, noch dazu mit Buch, die über dem Mann steht, ihn unter ihren Füßen hat? Sie sieht nicht wie eine Maria aus …

In einem anderen Raum steht das Grabmal der Doña Uraca López de Haro aus dem 13. Jahrhundert. Die Figur der Äbtissin ist eher grob und großflächig modelliert – aber der restliche Sarkophag! Am Fußende der Toten knien kleine Ordensschwestern, betend, Engelfigürchen stehen bei ihren Schultern, aber das eigentliche Leben kleiner Figuren entfaltet sich erst »ein Stockwerk tiefer«: Unter der großen liegenden Gestalt zieht sich um den ganzen Rand ein enger Reigen kleinster Wesen. Alle Figürchen sind in liebevoller Feinheit und Genauigkeit gemeißelt, von den Seiten her gehen sie jeweils auf die Mitte zu, wo noch einmal ein kleiner Sarg abgebildet ist. Da schreiten Bischöfe einher, mit Krummstäben und Bischofsmützen, da kommen Mönche mit Tonsur und Stäben (Pilgerstäben?), oder auch mit Büchern oder Kerzen in Händen. Am Fußende haben sich einige Gestalten über den Sarg geworfen, die Gesichter schmerzverzerrt, sich die Haare raufend. Es ist ein sagenhafter Bildreichtum, eine schier unglaubliche Arbeit! Die »Füße«, auf denen der ganze Sarkophag ruht, bilden drei Tierwesen, die teils fabelhafte Züge tragen, teils zu abgesplittert sind, um sie noch recht erkennen zu können.

Wenn die Türschließerin wüßte, daß ich alleine weitergehe! Susanne bleibt noch ein Weilchen in Cañas. Kurze Regenschauer wechseln mit Sonne, dann wieder mit kühlerem Wind und Regen, mit Hagel – »Aprilwetter«! Mein Weg geht durch La Riojas rotes Land: Weinberge, Weinberge und wieder Weinberge. Lächelnd muß ich daran denken, was ich erst kürzlich gehört habe: Es gibt Leute, die behaupten, mit dem Gott der Rioja, dem »Land Gottes«, könne nur Bacchus, der Weingott gemeint sein.

Dann liegt es vor mir im Tal: das große Kloster San Millán de Yuso. Ein Schwarm heller Vögel erhebt sich wie ein Windhauch vom Dach. Meinen Rucksack kann ich in einem kleinen Laden an der Klostermauer lassen und steige zum alten Kloster oben im Wald hinauf. Das ganze Fleckchen strahlt Ruhe aus und Frieden. Der Wald ist still, der Thymian duftet, nach dem Regen riecht alles nach nassem Staub und Asphalt, die Vögel zwitschern unaufhörlich. Kurz vor vier Uhr kommt der Wärter und schließt auf; ein netter, junger Mann, der mich sehr freundlich behandelt, als er die Muschel sieht. Ich darf eine ganze Viertelstunde lang das alte Felsenkloster für mich genießen, ehe einige andere Besucher in Autos anrücken und mit Stimmen und Lachen den Raum erfüllen.

San Millán de Yuso ist ein Felsenkloster. Zunächst scharte der Einsiedler und Heilige Aemilianus, später San Millán, welcher im 6. Jahrhundert hier in Felsenhöhlen lebte, andere »Asketen« um sich, nach und nach entstand eine Mönchsgemeinschaft. Der Klosterbau stammt aus dem 10. und 11. Jahrhundert und wurde benutzt, bis die Mönche aus Platzgründen ins Tal zogen, wo San Millán de Yuso, das »untere« Kloster, gebaut wurde. Das kleine Felsenkloster ist das eindrücklichste Bauwerk, das ich bislang auf dem Camino gesehen habe. Es trägt sowohl westgotische als auch mozarabische Züge. Der sogenannte »westgotische Stil« geht auf die Westgoten zurück, die bis ins 8. Jahrhundert hinein ein eigenes Königreich in Spanien beherrschten. In den wenigen aus dem 6. und 7. Jahrhundert erhaltenen Kirchen fallen die langgezogenen Hufeisenbögen auf, außerdem vollendete Darstellungen stilisierter Tier- und Pflanzenmotive sowie geometrischer Muster. »Mozarabisch« nennen die Kunstgeschichtler die reizvolle Mischung, die aus christlich-westgotischer und arabisch-maurischer Baukunst hervorging; der Hufeisenbogen hat jetzt »eine Taille« bekommen, sieht einem Schlüsselloch ähnlich und ist das hervorstechendste Hauptelement dieser Bauweise. Die schönsten, heute noch erhaltenen mozarabischen Kirchen stammen alle aus dem 10. Jahrhundert.

Vor dem eigentlichen Gebäude ein wunderschöner, heller »Vorraum«, ein Arkadengang, in dem einige Sarkophage stehen, auch die der Königssöhne von Lara. Der Blick auf das große Kloster im Tal, dessen helles Ziegelrot in der Sonne zwischen Ginstergelb und blauschattigen Höhenzügen leuchtet, ist überraschend gut. Die Eingangskapitelle schmückt wunderbar feine, fast möchte man sagen »zarte« westgotische Ornamentik – ich kann es nicht lassen, ganz leicht mit einem Finger darüber zu streichen. Der niedere Raum lebt von wenig Licht, von den schlüssellochartigen Hufeisenbögen, dem oft nur grobbehauenen Stein der Felswand, an die die kleine Kirche gebaut wurde. In einer Felsgrotte befindet sich das Grabmal San Milláns.

Der junge Mann erklärt mir einiges und zeigt mir dann seinen Raum im Kloster. Auf einem Brett an der Wand liegen Fundstücke aus dem Felsenkloster und der Umgebung aufgereiht: Pfeilspitzen, Schmuckstücke, Knöpfe, verzierte Keramikscherben, Muschelfossilien. Er lacht wie ein kleiner Junge über meine Freude an diesen Dingen, hält ein rundes, schweres Schmuckstück an meine Brust, betrachtet es wohlgefällig, läßt mich einen Bronzearmreif anprobieren, freut sich, daß ich die Pfeilspitzen bewundernd befühle – noch in keinem Museum durfte ich solche Dinge berühren! »A Santiago a pie?« (Nach Santiago zu Fuß?), fragt er. »Si!« sage ich selbstverständlich, denn zur Zeit gibt es für mich nichts Selbstverständlicheres als nach Santiago zu Fuß zu gehen. Er schnauft vor Bewunderung, sieht mich an, als könne er nicht glauben, daß so ein schmales Mädchen zu Fuß nach Santiago wandert. Hinter mir riegelt er die Tür zu seinem Raum sorgfältig wieder ab ...

Die Mönche von San Millán de Yuso sind sehr freundlich, einer kann sogar recht gut Deutsch, er führt mich durch das ganze Kloster und spricht viel und unermüdlich dabei. Hier gibt es Gold und Prunk und prächtige Größe – aber »schön« finde ich nur den gotischen Kreuzgang, in den, eben als wir ihn durchqueren, die Sonne fällt.

»Mein« Mönch raucht, ich finde das lustig, denn irgendwie paßt das nicht in mein Bild: ein Mönch mit Zigarette. Aber hier ist alles lockerer – im Klostereingang steht, wie ein Science-Fiction-Requisit, ein Cola-Automat.

Susanne ist in der Zwischenzeit auch eingetroffen. Wir bekommen an der Klostermauer einen einfachen Raum aufgeschlossen, in dem einige altersschiefe Betten stehen – nicht eben freundlich, aber ein Dach über dem Kopf, was bei diesem wechselhaften Wetter sehr gut ist. Wie gerne hätte ich oben im alten Kloster geschlafen!

11. So wie die Wächter auf den Morgen

Von San Millán nach Redecilla del Camino

Um halb sieben raus aus dem Schlafsack. Klo und Waschbecken sind auf der anderen Seite der Klostermauer. Als ich hingehe, muß ich stehenbleiben: Die ersten Verheißungen des Sonnenlichts kommen gerade über die Höhe, auf der Klostermauer stehen zinnenähnliche Gebilde, die eine Form haben wie kleine Männer in Hut und Mantel, dahinter das Gold und Rot, der frische Morgenwind. Spontan fällt mir eine Zeile aus einem Psalm ein: »Meine Seele wartet auf den Herrn, so wie die Wächter auf den Morgen!« Sonntag! Den ganzen Tag über begleitet mich das Glück dieses Augenblicks – Sonntag! Schon der zweite Sonntag auf dem Camino!

Susanne schläft noch, während ich gleich um sieben aufbreche, hinein in den frischen Morgen. Zunächst einige Kilometer auf dem Weg von gestern zurück, bis zu einem Verbindungssträßchen direkt nach Santo Domingo de la Calzada. Der Morgen ist sehr frisch, die Berge schwimmen im Frühnebel, in den Wolken, alles ist klar und erst am Erwachen. »Da zieht die Andacht wie ein Hauch durch alle Sinnen leise.« Singen, Staunen, Wandern, ich fühle mich glücklich! Unzählige Schnecken am Wege. Gestern sah ich durchsichtig-grün-gelbe Schnecken mit bunten Häusern; heute sehe ich welche, die haben ein Haus wie eine Wellhornmuschel auf dem Rücken: Daß es das bei Landschnecken gibt! Ich staune. Mit einem Mal leuchtet die

Sonne über alles hin, in der Ferne ragen blaue Bergzacken auf. Zwei große, dunkle Vögel gleiten schwerelos in der Luft – ach, nur einmal ein Vogel sein können und zwei Schwingen haben!

Der Weg führt durch einige kleinere Orte, noch wie ausgestorben. Einmal eine geöffnete Kirche; drinnen gibt es eine bunte Madonna, eine silberne Mondsichel unter ihren Füßen. Einige Kilometer vor Santo Domingo sind dann plötzlich die gelben Wegmarkierungen wieder da, es geht in einen breiten Kiesfeldweg, ich bin sehr froh, endlich von der Straße runterzukommen; sie war zwar wenig befahren, aber der Asphalt schmerzt die Füße mit der Zeit. Als ich in den Feldweg einbog, sah ich linkerhand auf der Wiese einen weißen Kombi-Bus stehen. Als ich dann bereits ein Stück auf dem Weg gegangen bin, schon außer Sichtweite der Straße, kommt dieser Bus gefahren, hält neben mir, der Fahrer, ein »mittelalterlicher«, nicht schlecht aussehender Mann, lacht zum Fenster heraus, grüßt, ich grüße zurück. Er sagt etwas, fragt etwas, ich erkläre, kein Spanisch zu verstehen, denke mir nichts Arges, zucke die Achseln, als er weiterredet. Er hört nicht auf, auf mich einzureden, ich denke schon, er wolle mich mitfahren lassen, weil er fragt: »Santo Domingo?« Ich sage: »A pie!« Ich will zu Fuß gehen und schüttle den Kopf. Da ich noch immer nicht verstehe, greift er in das Fach an der Türe neben sich und holt eine bunte Packung Kondome hervor, die er zum Fenster heraushält, um endlich deutlich zu machen, was er will. Ich bin so verblüfft über so viel Unverschämtheit, daß ich gar nicht dazukomme, mich zu fürchten; ich sage nur ganz bestimmt »No!« und kann mich gerade noch zurückhalten, ihm einen Vogel zu zeigen. Er schüttelt bedauernd den Kopf, fragt bittend noch einmal, wendet dann den Wagen und fährt den Weg zurück – er wollte also gar nicht nach Santo Domingo, sondern war mir nur nachgefahren! Erst als er weg ist, beginnen mir die Knie zu zittern. Ich hätte mich kaum wehren können, er sah sehr stark aus, der Weg verläuft völlig einsam inmitten der Felder. »Großer Gott, danke!« stammele ich. Fast greifbar fühle ich mit mir den Segen vieler Menschen, die Abschiedsworte geliebter Freunde in Deutschland, die Wünsche am Wege: »Buen Viache!«, »Bueno Camino!«

In Santo Domingo de la Calzada war in den letzten Tagen einiges los mit Festen, Umzügen und Prozessionen; heute ist der letzte Tag. Die Stadt ist voller Menschen im Sonntagsstaat; gerade die Kinder: glänzend, niedlich, sauber, »hübsch« aufgemacht. Die Kathedrale ist überfüllt, als ich gegen Mittag ankomme. Eine Viertelstunde stehe ich hinten in der großen Kirche, höre der Messe zu, sehe mir die Leute an. Später treffe ich auf Susanne, die inzwischen auch gekommen ist. Irgendwann öffnet sich das Portal der Kathedrale, bunte Fahnen werden herausgetragen, eine Musikkapelle spielt einigen jungen Burschen mit roten und blauen Mützen zum Tanz auf. Die Prozession setzt sich langsam in Bewegung, eine bunte Holzfigur wird durch die schmalen Gassen der Stadt getragen. Vielleicht ist es ein Bildnis Santo Domingos, des Heiligen dieser Stadt. »Calzada« heißt »ausgebauter Steinweg«. Santo Domingo gab im 11. Jahrhundert sein ruhiges Einsiedlerdasein auf, um den Pilgern praktische Hilfe zu leisten: Er baute Straßen und Brücken, der Ort Santo Domingo bekam ein Hospital und Bedeutung auf dem Camino. Der Mann Santo Domingo wurde auf der »Calzada«, dem Weg, beerdigt – als später die heutige, große Kirche gebaut wurde, sollte sie sein Grabmal umschließen und der Camino wurde »leicht verschoben«. Ich finde es eine schöne Vorstellung, daß einer, der so viel für »Wege« getan hat, daß er und »seine Stadt« den Beinamen »Calzada« erhielten, daß der auch »auf dem Weg« beerdigt wurde, sozusagen selbst ein Stück des Weges wurde.

Santo Domingo de la Calzada wird auch »Compostela der Rioja« genannt. Die große, berühmte Kathedrale ist ein Sammelsurium verschiedenster Stilrichtungen. Der freistehende, hohe Turm, der an die Zwillingstürme Logroños erinnert, ist reines Barock aus dem 18. Jahrhundert. Bei der

Bauweise der hohen Kirche überwiegt die Gotik – leider fehlen so gut wie alle Schlußsteine im Gewölbe –, ansonsten scheint das Innere der Kirche ein Museum sakraler Kunst zu sein: das Grabmal Santo Domingos, die Magdalenen-Kapelle und unter ihr die Krypta, jede Menge verschiedenster Seitenkapellen und -altäre … Dies alles ist nur groß und verwirrend. Das eigentliche »Kuriosum« Santo Domingos sind die Hühner in der Kirche.

Dazu gibt es eine Geschichte, die mit vielen verschiedenen Namen und Ausschmückungen kursiert, aber einen einheitlichen Kern hat: Ein deutsches Ehepaar pilgerte im Mittelalter nach Santiago, ihr Sohn begleitete sie. In Santo Domingo wurde der Junge – wohl durch Verleumdungen einer verliebten, aber zurückgewiesenen Wirtstochter – fälschlicherweise verurteilt und gehängt. Den verzweifelten Eltern half Santo Domingo selbst: In Compostela hörten sie die Stimme ihres Sohnes, er lebe noch, Santiago habe ihn gehalten. Wieder in Santo Domingo sahen sie ihren Sohn noch immer lebend am Galgen baumeln. Voller Freude liefen sie zum Richter, ihm das Gottesurteil zu melden und um die Freigabe des Sohnes zu bitten. Da der Richter aber eben beim Mittagessen saß, war er ärgerlich über die Störung und rief unwillig aus: »Euer Sohn ist ebenso lebendig wie die gebratenen Hühner hier auf meinem Teller!« Daraufhin flogen die gebackenen Hähnchen gakkernd auf. Manche Varianten berichten noch, daß nun eilends statt des Unschuldigen die verleumderische Wirtstochter gehängt wurde. Tatsache jedenfalls ist, daß sich bis heute in der Kathedrale Santo Domingos ein reich beschnitzter und verzierter Käfig befindet, in dem ein schneeweißer Hahn und eine schneeweiße Henne ein »heiliges Leben« führen. Die kunstvolle Aufschrift lautet: »In Santo Domingo de la Calzada sprangen die Hühner vom Rostspieß und sangen.« Im Mittelalter war eine weiße Hühnerfeder zeitweise ein ebenso beliebtes »Mitbringsel« von der Wallfahrt wie eine Jakobsmuschel.

Susanne und ich begegnen dem Prozessionszug noch

einige Male in den Straßen und Sträßchen – einmal müssen wir in den Eingang einer Bäckerei ausweichen, um nicht von der bunten Menge mitgerissen zu werden. Später treffen wir noch auf Ines, die gerade ankommt und das Refugio sucht. Sie redet schnell und viel – wie immer. Auf die Dauer wäre sie mir lästig als Begleiterin, aber so ist es ganz nett, sie nach drei Tagen wieder einmal zu sehen. Ines will am Abend zum Stierkampf gehen, der überall mit bunten Plakaten angezeigt ist – ich verspüre keinerlei Bedürfnis, so etwas zu sehen! Susanne und ich haben stattdessen beschlossen, noch etwas in den frühen Abend hineinzulaufen. In Redecilla del Camino, etwa neun Kilometer weiter, soll es auch ein Refugio geben. Später werden mir alle, die in Santo Domingo schliefen, von dem Refugio dort vorschwärmen als von einem der nettesten auf dem ganzen Camino.

Über das kleine Flüßchen Oja, von dem La Rioja angeblich seinen Namen haben soll (Río Oja, Rioja) gehen wir aus Santo Domingo hinaus. In Grañon, dem nächsten kleinen Ort, sitzen wir eine Weile in der kühlen, dämmrigen Kirche: Nach der hellen Hitze, zu der es doch auch heute noch für eine kurze Zeit gekommen ist, tut das sehr gut. Hier begegnet uns eine rätselhafte Madonna, die eine Birne in der Hand hält, sonst nichts, nur eine große, grüne Birne. Auf Feldwegen gehen wir »hinunter« nach Redecilla, in den Feldern leuchten Tupfen roten Mohns. Als Pilgerinnen werden wir vom Bürgermeister selbst stolz im zukünftigen Refugio einquartiert, einem Neubau gegenüber der Kirche, in dem es noch keine Fensterscheiben und kein Licht gibt, aber schon kaltes Wasser und eine große Pappe auf dem Boden, auf die wir unsere Isomatten legen.

Die Kirche birgt eine Kostbarkeit, die Susanne und ich im Beisein des Bürgermeisters und anderer Dorfbewohner unbedingt noch bewundern müssen: ein romanisches Taufbecken, das rundherum eine Reliefdarstellung des »Himmlischen Jerusalem« trägt. – Als es draußen endgültig zu dunkel und zu kalt wird, außerdem der erste Regen fällt, gehen wir in »unser Haus«. Dank Susannes Kocher können wir heißen Tee trinken, während wir unsere Karten am Boden ausbreiten: Susanne will planen. Sie muß Anfang Juni wieder im Krankenhaus arbeiten und sich nun langsam überlegen, welche Strecken sie noch laufen will, welche sie mit Bus oder Zug fahren muß. »Du Arme!« sage ich, »was bin ich froh, daß ich nicht auf die Zeit sehen muß, sondern ganz bis Santiago laufen kann und dann immer noch Zeit haben werde für Finisterre und Galicien!«

12. Das Himmelstor

Von Redecilla del Camino nach Belorado

Als ich hinter Redecilla auf die Landstraße komme, sehe ich am dunklen Himmel gegen die schüchterne Sonne zwei Enden eines Regenbogens. Da, wo der Bogen aus Licht auf die Erde kommt, kann ich ihn ein kleines Stück weit sehen, mehr nicht. Wie oft doch wir Menschen von der »Herrlichkeit Gottes«, von dem »Eigentlichen«, von all den Wirklichkeiten hinter unserer vordergründigen Welt nur gerade ein bißchen sehen können! Wir erkennen hier ein Stückchen, da eines – daß sie zusammenhängen in leuchtendem Bogen, das können wir nur ahnen und glauben. »Seht ihr den Mond dort stehen, er ist nur halb zu sehen und ist doch rund und schön. So sind wohl manche Sachen, die wir getrost belachen, weil unsre Augen sie nicht sehn!«

Je weiter ich auf das Stück Erde und Himmel zwischen den beiden Bogenenden zugehe, desto mehr kann ich den ganzen Bogen sehen, bis ich schließlich direkt auf das bunte Himmelstor zuschreite. Es wölbt sich vor mir in vollkommenem Rund, gebaut aus Licht und Farben, schwerelos, wie das Tor zum »Land der Verheißung«, zur anderen Welt, zum »himmlischen Jerusalem«, zum Santiago der Sehnsucht. – In einer Bar an der Straße bekomme ich eine Tasse Milchkaffee, obwohl der Wirt noch sehr verschlafen dreinschaut und den frühen Gast nicht eben mit Begeisterung empfängt. Mit dieser warmen

Wohltat im Magen wage ich mich wieder in den einsetzenden Regen hinaus. Bald wird auch der kalte Wind heftiger, der Poncho peitscht und knallt, ich singe laut und trotzig alle Marsch-, Kriegs-, Reiter- und Seefahrerlieder, die mir einfallen. »Wir lieben die Stürme, die brausenden Wogen, der eiskalten Winde rauhes Gesicht!« So geht es sich leichter.

Mittags habe ich mich in Belorado zum Refugio durchgefragt. Auch hier scheint es mir kalt und unfreundlich, außerdem wird gerade gebaut, so daß weder Dusche noch Herd zu benutzen sind. Aber oben steht, vor den Räumen mit Stockbetten, in einer Art Alkoven ein großes, altes, beschnitztes Bett, darüber hängen zwei riesige, dunkle Gemälde, die Szenen aus dem Leben irgendwelcher Mönche darstellen; ein Fenster, darunter ein runder, kleiner Tisch, ein Stuhl – und spontan beschließe ich, für den Rest des Tages dazubleiben, heute nicht mehr weiterzugehen. Als später nach und nach die Sonne hervorkommt und durch das Fenster auf meinen Tisch scheint, wird mir wieder richtig warm. Ich schlendere über den Markt, erstehe ein wenig Obst und Gemüse, lasse mich durch das bunte Leben treiben. Auch hier auf dem Kirchturm ein großes Storchennest.

In der Abendsonne auf dem Platz sitzen, rundum spielende Kinder, schwatzende Mütter, rauchende Großväter ... Man scheint hier ganz anders miteinander zu leben. Die Menschen hier haben viel mehr Zeit, nein, sie haben sie eigentlich nicht, aber sie nehmen sie sich, sie gehen anders um mit der Zeit, mit dem Leben ... Es ist eben eine andere Mentalität, denke ich.

Hier ist es viel schmutziger, spinne ich die Gedanken weiter, vieles zerfällt, überall könnte und müßte man anpacken – aber wen kümmert das hier schon? Erstmal ordentlich Siesta machen, erstmal ein bißchen schwatzen. Die Arbeit kann man auch »mañana«, morgen, noch erledigen. Dinge wie »Pünktlichkeit«, »Ordnung«, vorgeschriebene und regelmäßige Öffnungszeiten und all solche

Dinge scheint es hier ja auch nicht oder kaum zu geben – zuallererst braucht man immer mal Ruhe und Zeit (die ich als Pilger ja zum Glück habe!) und Geduld – dann geht alles, irgendwann ...

In jeder Bar, in die man kommt – es sei denn, es ist erst morgens, acht Uhr – liegen Kippen, Papier und allerlei Müll so dicht am Boden, daß unsereins zuerstmal einen Besen nehmen würde, aber hier stört es keinen; es ist trotzdem gemütlich – und alles andere als steif. Man darf auch eine halbe Stunde bei einem Glas Vino tinto sitzen, träumen, die Leute beobachten ... Es ist gegen Abend immer was los, kein Mensch scheint zu Hause zu sein, sondern entweder auf den Dorfplätzen, auf Bänken vor den Häusern oder eben in der oder jener Bar. An einem Tisch in der Ecke sitzt eine Handvoll Frauen verschiedenen Alters, sie spielen Karten, laut geht es zu, fröhlich, mal rennen Kinder vom Spiel draußen kurz herein, es wird Zeitung gelesen, Neuigkeiten werden ausgetauscht, leider auch geraucht ... In irgendeiner Ecke läuft fast immer ein Fernseher – entweder Radrennen oder Stierkampf –, oftmals läuft er ohne Ton, er wird doch so gut wie nicht beachtet. Man geht nicht in eine Bar, um etwas zu essen oder zu trinken – das ist meist nur Nebensache –, man geht, um darin eine Weile zu leben, »Stimmung zu haben«, Gesellschaft.

Abends wird es im Refugio noch recht gemütlich; zwei, drei Flaschen Wein sind da, Ines und ich, dann Nico, ein langer, junger Brasilianer, seine Braut Juanita, die aber schon schlafen geht, Norris aus England und zwei ältere Männer aus der französischen Schweiz, alle vier kennt Ines seit Viana, durch den »Umweg« nach San Millán habe ich also Anschluß an eine »Gruppe nach mir« erhalten. Susanne kommt nicht mehr – ob sie mit dem Bus gleich weitergefahren ist? Noch weiß ich nicht, daß ich – ohne es zu merken – schon den ersten »Camino-Abschied« hinter mir habe.

Als ich von draußen hereinkomme, werde ich lautstark begrüßt. Es zeigt sich, daß sie alle schon von dem

»Mädchen mit dem roten Rock« gehört haben. Dann wird die Unterhaltung wieder aufgenommen, es geht um Stierkämpfe, alle vier Männer waren offensichtlich mit Ines am Vorabend in Santo Domingo bei einem kleineren »Bullfight«. Ines schwärmt von den Toreros und deren Körper, Norris und Nico machen sich eher Gedanken um die Tiere und deren Gefühle. »Look«, sagt Nico schließlich, »i mind: nothing against tradition ..., aber«, führt er weiter aus, »wenn eine Tradition so ist, dann lieber sie streichen und nicht auch noch stolz darauf sein, daß sie sich bis heute erhalten hat! Mich hat die ganze Darbietung nur angeekelt!«

Irgendwann erzählt Norris von einem Franzosen, den er am Beginn des Weges zwei Nächte getroffen hatte, ehe dieser dann über alle Berge war: »Er sah abends auf die Karte, welchen Ort er am folgenden Tag erreichen wollte, nahm dann ein Lineal und prüfte, welche Straßen an der direktesten Linie zwischen seinem heutigen Übernachtungsort und dem morgigen lagen, die ging er am nächsten Tag.« »Und die Kirchen am Camino, die schmalen Wegstücke, das Einsame, Schöne?« fragt Nico ungläubig. »Das interessierte ihn nicht«, entgegnet Norris, »er wollte nach Santiago aus rein sportlichem Ehrgeiz, also so schnell wie möglich.«

Bevor wir spät schlafen gehen, stellt Ines eine Regel auf, die kurzerhand »Ines' rule« genannt wird: Wer am nächsten Tag keine Flasche Wein in seinem Rucksack über die Berge nach San Juan de Ortega trägt, bekommt dort nichts zu trinken! Alle lachen, wir wissen ja noch nicht, daß diese »Vorsichtsmaßnahme«, wie Ines es nennt, ganz überflüssig sein wird ...

Ich freue mich auf den nächsten Tag, auf den Weg in die Berge, die Montes de Oca. Inzwischen bin ich schon in Kastilien angekommen, dem Landstrich des Camino, der mit zwei Gebirgen und dem »Ohnebaumland« auf den Pilger wartet.

13. A little female company

Von Belorado nach San Juan de Ortega

Ich sitze in einer selbst für hiesige Verhältnisse sehr dreckigen, schmuddeligen Bar in Villafranca de Montes de Oca bei einer Tasse Milchkaffee, mit der ich eben versuchen will, meinen leisen Mißmut darüber, daß es schon wieder regnet, zu dämpfen. So ganz will mir das aber nicht gelingen – da geht mit einem Mal die Tür auf und herein kommt Norris, der grauhaarige Engländer mit dem frischen Gesicht, jetzt noch zusätzlich von Wetter und Laufen gerötet, den ich erst seit gestern abend ein wenig kenne. Er lacht erfreut, als er mich sieht, sagt mehr im Vorbeigehen an der Theke: »Un café con leche grande, por favor!« und setzt sich zu mir. Stolz bemerkt er: »My spanish is getting better every day!« Ich muß lachen, ich weiß ja selbst, wie das mit dem »typischen Camino-Wortschatz« ist, den man sich so schnell aneignet.

Norris meint, er habe von Ines einiges über mich gehört. Daraufhin ist es ein Weilchen still, dann beginnt er, ohne daß ich gefragt hätte, von sich zu erzählen: »Ich komme aus der Gegend von Dover, habe aber viele Jahre in Frankreich gelebt, wo meine Frau noch heute lebt. Sie hat sich scheiden lassen von mir, Kinder haben wir keine – also gab es keinen Grund für sie, bei mir zu bleiben, nachdem sie mich satt hatte. Nein – ich will nicht ungerecht sein – ich hatte sicherlich auch meinen Teil Schuld daran, daß es so gekommen ist. Ich habe gut und viel verdient, ich habe immer Geld gemacht, noch mehr Geld gemacht, wir waren mindestens zweimal jährlich im Urlaub, meine Frau und ich, wir hatten ein Haus in England und eines in Frankreich, wir konnten uns fast alles leisten, ich meinte, wir seien glücklich! Meine Frau bekam sehr viel vom Besitz zugesprochen, das Haus in Frankreich, viel Geld ... Als ich wußte, daß sie weggehen würde, war mir dies alles auch zum ersten Mal nicht mehr wichtig!« Er macht eine Pause, ich warte schweigend, ich bin nicht einmal sicher, ob der Mann noch daran denkt, daß ich da bin. Norris stützt sein Gesicht in beide Hände, schüttelt den Kopf: »Wie ich nur so dumm sein konnte zu denken, Geld, Häuser, teurer Urlaub, berufliche Anerkennung und das alles sei das, worauf es ankommt. – Ich glaube nicht an Gott«, spricht er nach einiger Zeit weiter, »ich glaube auch nicht an Heilige und Reliquien und solche Sachen – ich habe so meine eigenen Anschauungen von der Welt und vom Leben, unabhängig von einer Religion. Aber erst, als meine Frau mich rausschmiß, habe ich langsam begriffen, daß es auch anderes gibt, als Geld verdienen und ein gutes Leben führen. Ich habe andere Menschen kennengelernt, auch Frauen – nicht wie du jetzt vielleicht denkst, das nicht, aber ihre Meinungen, ihre Art, mit dem Leben umzugehen. Dann habe ich von diesem Camino gehört, eines Abends, in einer Kneipe in Frankreich. Spontan sagte ich: Ich werde nach Santiago gehen! Meine Freunde lachten mich aus: Das schaffst du ja doch nicht! Und einer meinte: Komm, wir schließen eine Wette ab: Wenn du 500 Kilometer schaffst, bekommst du einen Kasten Bier, sonst gibst du einen aus! Aber du schaffst keine 500 Kilometer, geschweige denn den Weg bis nach Santiago! ... Na ja«, sagt Norris lächelnd, »jetzt bin ich ungefähr 700 Kilometer gepilgert. Ich packte meine Sachen zusammen und lief in Le Puy los – ich weiß, ich werde es schaffen bis Santiago!« Nach einer weiteren Pause fährt er fort: »Durch dieses tägliche Wandern finde ich langsam zu mir selbst zurück, zum Leben, wie es auch sein kann. Ich nehme wieder Gerüche, Farben und Töne wahr, die ich noch nie, oder schon lange nicht mehr wahrgenommen habe!« Dann lacht er bitter auf: »This way«, sagt er abschließend, »is the best possibility to forget about marriage!«

Nach einer langen Zeit des Schweigens frage ich hilflos: »Weshalb erzählst du mir das alles?« Norris sieht mich an, dann sagt er ruhig: »Weil ich es erzählen mußte – du scheinst mir eine Frau zu sein, der man so etwas berichten kann.« »Woher willst du das wissen?« frage ich. Norris lächelt: »Vielleicht habe ich auf den letzten 700 Kilometern bereits wieder ein bißchen gelernt, mich auf mein Gefühl zu verlassen. Ich habe eben das Gefühl, daß du so ein Mädchen bist. Reicht das nicht?« »Doch«, sage ich, nun ebenfalls lächelnd. Und dann reiche ich dem Mann in einem plötzlichen Impuls die Hand: »Ich freue mich, daß wir uns kennengelernt haben!«

Mit Poncho und im Regen steige ich nun in die Montes de Oca – der Camino führt bis auf 1130 Meter. Es sind Wege voll herber Schönheit und Stille. Die winzigen, niederen Eichen entfalten ihre Blätter, sie haben einen hellen, rötlichen Schimmer, am Boden wächst Ginster, Heide, Farn. – Nachmittags komme ich nach San Juan de Ortega. Ein altes Kloster, eine recht große romanische Kirche und eine Handvoll halbzerfallene Hütten, mehr ist San Juan de Ortega heute nicht, während es vom 11. bis ins 19. Jahrhundert ein sehr bedeutender Punkt auf dem Camino war. Aimeric Picaud, ein französischer Kleriker, der im 12. Jahrhundert ein erstes Buch über den Jakobsweg zusammenstellte und dabei neben Heiligenlegenden und Jakobusberichten auch einen »Pilgerführer« erstellte, auf den man sich bis heute stützt, um die alten Wege, wo sie vergessen wurden, zu rekonstruieren, dieser Aimeric Picaud berichtete, daß in den Wäldern um San Juan de Ortega »Tag und Nacht« Pilger beraubt und ermordet wurden. So scheint es auch nicht verwunderlich, daß San Juan de Ortega, ein Schüler und Freund Santo Domingos, der in diesem Wald ein Kloster und eine Herberge »zur Hilfe der

Jakobspilger« begründete, später heilig gesprochen wurde. Sein Grabmal befindet sich in der Kirche in dem Ort, der seinen Namen trägt. In der einfachen Pilgerherberge, die auch heute wieder zu San Juan de Ortega gehört, schaltet und waltet ein uralt wirkender, faltiger, uriger Herbergsvater, José Maria, der weiße Plastikrosenkränze an die durchziehenden Pilger verteilt und zunächst ein bärbeißiges Gesicht macht, später aber nett und umgänglich wird.

Ich stelle betrübt fest, daß das Waschwasser kalt ist, dann trage ich mir einen Stuhl in den Kreuzgang. Es ist nur ein sehr kleiner Kreuzgang, aber die Sonne scheint herein und es ist windgeschützt. Man hört nur die Vögel zwitschern, Bienen und Fliegen summen, sonst nichts; einige Mücken tanzen, einem lichten Wölkchen gleich, in der dürftigen, »blassen« Sonne – ich lasse mich von der friedvollen Stimmung einlullen und verträume die Stunden ...

Es gibt so wenige Stunden wirklicher Ruhe in unserem geschäftigen Leben ... Auch der Pilger findet schwer zur Ruhe, er erlebt so viel, er sieht, hört und denkt so vieles, er begegnet so manchem – Menschen, Gebäuden, Tieren und Blumen –, er sehnt sich nach dem Ziel, er muß daran denken, etwas zu essen zu bekommen, ein trockenes Nachtlager zu finden ... Er ist sehr beschäftigt!

Einfach nur so dazusitzen ist wie ein kühler Trunk nach staubigem Marschtag, Mückentanz, Gedankentanz, unruhiges Hinundherflattern zuerst, später heilt die strenge Einfachheit ringsum das Unruhige – behutsam, vorsichtig, mit der Zeit ...

Hineinhorchen und innen drin schlafen gegangen sein: Zeitlos, ruhig, der Wellenschlag leise geworden, das Feuer herabgebrannt ...

In solchen Stunden wird der Pilger selbst zum glitzernden Regenvorhang, zur aufstrebenden Säule, zur Muschel am Stab, wird zum großen Windgesang, zu Sternen und Wiegenlied, zu Geigenspiel und Eichenwald, zu Kinderlachen und schließlich Gebet ...

Nach und nach, werden die Traumgedanken goldgelb, gelb wie der Ginster ...

Noch ein Hundebellen, dann ist endgültig Ruhe – im ginstergelben Traum ragen die Türme von Santiago in den Himmel, grüßt die Burg Monsalvat von ihrem Gralsberg herunter, blüht die Blaue Blume im reifen Getreidefeld, sieht klar und ruhig das Gesicht aller Dinge den Pilger an – das Ziel hat viele Namen . . .

Als ich später unten vors Kloster trete, sitzen einige Männer auf der Bank: Nico, der Brasilianer, Norris und die anderen beiden vom letzten Abend, außerdem Radfahrer, darunter einer, der sich mir sogleich als Joachim vorstellt: »Aus Hamburg – und du?« Eigentlich mag ich das nicht: gleich so »überfallen werden«, warum nicht Bekanntschaften sich in Ruhe entwickeln lassen? Aber er ist ja ein Radpilger, ich werde ihn sowieso nicht mehr treffen; Juanita sei bereits schlafen gegangen.

José Maria, der Herbergsvater, kommt aus seiner Küche heraus und bittet mich, ihm dort zu helfen. Er hat Salat gemacht, Tortillas, einen großen Topf Knoblauchsuppe, ich brauche nur noch hier etwas abzuschmecken, da etwas in eine Schüssel zu füllen. – Die Tafelrunde wird lustig und gemütlich. Neben mir auf der Bank: Norris, der Engländer, mir gegenüber hat sich »Joachim aus Hamburg« gesetzt. Seltsamerweise kommt Ines nicht, niemand weiß, wo sie abgeblieben ist, in Villafranca hatten einige der Männer sie vormittags noch gesehen.

Es gibt reichlich Wein, dazu das gute Essen, die lauten Gespräche, die Wärme des offenen Feuers – ich komme in eine warme und »leichte« Stimmung. Es sei gut, meint Norris später, daß er erst Ines und dann mich kennengelernt hätte, »a little femal company« täte gut von Zeit zu Zeit. José Maria führt unter lautem Beifall und Gelächter vor, wie man in dieser Gegend eigentlich Wein trinkt: Er hebt ein lederbeutelartiges Trinkgefäß hoch über sich, lehnt dann den Kopf weit zurück und spritzt sich den Wein in hohem, rotem Strahl in den geöffneten Mund, schluckt, ohne den Mund zu schließen, mehrmals. Irgendwann beginnt er auch, »Schauergeschichten« zu erzählen von Mädchen, die noch heute hier in den Montes de Oca überfallen würden, von Räubern, die sein treuer Hund – der hat sich nahe am Feuer zusammengerollt – schon aufgespürt habe. Ich verstehe nicht alles, bekomme aber manches übersetzt. Ich finde diese Geschichten passend zu der Kulisse des alten, niedrigen Raumes, des prasselnden Feuers, der erhitzten Männer, des schlafenden Hundes – aber Angst wird mir nicht davon …

14. Dreihundert Jahre Bauzeit oder: Hat Gott Wohnungen?

Von San Juan de Ortega nach Burgos

Abends sitze ich in trübsinniger Stimmung im Refugio von Burgos. Eine niedere Holzbaracke, aber sauber und ein Stück außerhalb des Zentrums, in einem Park gelegen. Gleich neben dem mittelalterlichen »Hospital del Rey«, dem größten und schönsten, dem königlichen Pilgerhospitz von Burgos, in dem im Mittelalter »Tausende deutsche Wallfahrer« von einem verbrecherischen Wirt vergiftet worden sein sollen und dieser Wirt, schließlich entlarvt, auf königlichen Befehl gehängt wurde ... Ein französisches Paar ist da, einige spanische Radfahrer, niemand von denen, die ich kenne. Wo nur Ines geblieben ist? Und Martin? Jörg und Viola? Wo mag Susanne inzwischen sein? Weshalb kommen Norris, Nico und Juanita nicht?

Kaum kann ich mich noch erinnern, wie gemütlich es am Morgen in der Küche des Herbergsvaters in San Juan de Ortega gewesen war. Wir hatten gemeinsam gefrühstückt, um den langen Tisch sitzend, jeder mit einer großen Schale heißen Milchkaffees, draußen war es feuchtkalt, jeden Moment schien es regnen zu wollen. Als »Joachim aus Hamburg« sich aufraffte zu gehen, sah er griesgrämig in den regnerischen Morgen hinaus, stöhnte: »Nun ja, man begegnet dem inneren Schweinehund eben mehrmals täglich auf diesem Camino!« Alle lachten, nickten, fühlten genau, was er meinte, nur ich fügte leise hinzu: »Nur auf diesem Camino?«

Einer nach dem anderen zog los, verabschiedete sich vom Herbergsvater, kein Mann versäumte es, mich warm darauf hinzuweisen, ich solle vorsichtig sein, auf mich aufpassen ... Fast belustigte mich die Vorstellung, daß offensichtlich die »Feuergeschichten« José Marias vom Vorabend die Männer stärker beeindruckt hatten als mich selbst.

Die nächsten Stunden waren so schön, ich meine fast, es könne gar nicht heute gewesen sein, so weit ist mir die Schönheit und Einsamkeit des Morgens schon in die Vergangenheit gerückt. In Kälte und Wind ging es durch das Bergland, das mich ein wenig an die Highlands in Schottland erinnerte: große Kuh- und Schafherden, herber Duft, hin und wieder ein kleineres Dörfchen, das aber nicht den Gang durch die einsame, felsige, regenverhangene Landschaft unterbrach. In einem dieser Orte sah ich über dem Portal eines kleinen Kirchleins ein wundervoll feines Marienfigürchen, nicht groß, aber lebendig und ausdrucksvoll. Ich sehe noch jetzt die zarten und lieben Gesichtszüge der jungen, schmalen Frau unter der schweren Krone vor mir. Und irgendwann war ich dann, schockartig übergangslos, mitten in den Vorstadtgebieten von Burgos gelandet. Über mehrere Kilometer mußte ich nach Burgos hinein an der großen Straße entlanggehen. Ich zog Sandalen an und biß die Zähne zusammen: Müssen solche Wegstücke sein, damit man die anderen mehr noch genießt? Was wollte ich eigentlich in Burgos?

Mißmutig untersuche ich mein Befinden – es ist »nicht sehr hoffnungsvoll«: Meine Hände machen seit Tagen Schwierigkeiten, auf den Handrücken habe ich eine Art Allergie, Bläschen, Jucken, bislang wird es nur schlimmer von Tag zu Tag. Meine Füße machen keine nennenswerten Probleme – das schlimmste war die offene Ferse zu Beginn, die ist gut verheilt – kleinere Blasen hier und da, Druck- oder Schmerzstellen, aber nichts Ernstes. Außerdem schmerzen Schultern und Rücken ... Inzwischen hat es zu regnen aufgehört, ich habe Wäsche gewaschen und hänge sie nun draußen in den Wind. Als ich wieder hereinkomme, ist das französiche Ehepaar vom Abendessen zurück. Sie haben eine Flasche Wein mitgebracht und so sitzen wir noch einige Zeit zusammen. Beide sind sie schon etwas älter, sprechen ein mehr schlechtes als rechtes Englisch, ein wenig Spanisch – aber immerhin, wir können uns unterhalten. Wir kommen über die Kathedrale ins Gespräch. Die berühmte Kathedrale von Burgos – ich besichtigte sie am Nachmittag – ist ein mächtiges Bauwerk, die Türme und Türmchen filigran-gotisch verziert; es fiel mir nicht schwer zu glauben, daß der für den Turmbau zuständige Baumeister aus Köln gekommen sein soll: »Juan de Colonia«, ein Hans also, der sich ganz unverkennbar den Kölner Dom genauer angesehen hatte. »Wie ist dein Eindruck von der Kathedrale?« will die Französin wissen. »Ich habe sie mir von außen und von innen angesehen«, entgegne ich zögernd, »auch den zugehörigen Kreuzgang, auch die reich ausgestatteten Museumsräume – danach fühlte ich mich wie erschlagen von all der Pracht und Vielfalt, jedoch war nichts in mir überwältigt worden, es rührte mich nichts an.« Die beiden nicken verständnisvoll. »Es wurde über dreihundert Jahre daran gebaut!« sagt der kleinere, eher untersetzte Mann mit seiner weichen, melodiösen Stimme, nachdenklich vor sich hinblickend, »dreihundert Jahre, das ist eine verdammt lange Zeit!« »Ja«, sage ich, »das habe ich auch gedacht. Es fasziniert mich immer wieder, daß früher über so lange Zeiträume hinweg etwas so Einheitliches geschaffen werden konnte – und die Kathedrale wirkt ja wirklich wie aus einem Guß!«

»Ich frage mich manchmal«, sagt die dunkelhaarige Frau dann langsam, »ob Gott überhaupt in Kirchen wohnt?« »Nein«, sage ich, »das glaube ich nicht, ich kann mir eigentlich nicht vorstellen, daß die Meister, die Kirchen schufen, die wirklich den Namen Kirchen verdienen, daß sie sich vorstellten, Gott würde darin wohnen, er braucht doch keine ›Wohnungen‹, er ist ja allgegenwärtig!« »Solche Kirchen«, meint nun der Mann, »braucht nicht

Gott, sondern brauchen die Menschen, um darin – wie sagtest du vorhin?« wendet er sich an mich, »überwältigt zu werden, so sagtest du doch? Sie brauchen sie, um sich darauf zu besinnen, daß es Größeres gibt als ihr armseliges kleines Leben mit seinen kümmerlichen Alltagssorgen.« »Die Baumeister wollten aber bestimmt auch kein Museum aus den Kirchen gemacht haben!« sage ich, fast ein wenig bitter, »alles irgendwie Sakrale verliert doch seinen Wert, seine Würde fast vollständig, wenn es nur noch angestaunt, aber nicht mehr ›benutzt‹ wird!« »Aber hat man denn nicht immer behauptet, Gott wohne in Kirchen und Tempeln?« fragt die Frau noch einmal. »Ich weiß nicht, ob dazu nicht etwas in der Bibel steht?« meint ihr Mann nachdenklich. Ich bin schon aufgestanden, hole aus meinem Rucksack das Neue Testament und blättere vorsichtig darin, fast entschuldigend erkläre ich: »Ich presse Blumen, ich muß aufpassen, daß mir keine verrutschen und herausfallen. – Ah, hier ist es«, sage ich dann erfreut, »das habe ich gesucht: Gott, der die Welt gemacht hat und alles, was darinnen ist, er, der ein Herr ist Himmels und der Erde, wohnt nicht in Tempeln mit Händen gemacht; auch läßt er sich nicht von Menschenhänden dienen, als bedürfe er jemandes, da er doch selber jedermann Leben und Odem und alles gibt …, damit sie Gott suchen sollten, ob sie wohl ihn fühlen und finden möchten; und fürwahr, er ist nicht ferne von einem jeglichen von uns. Denn in ihm leben, weben und sind wir.« Wieder ist es einige Zeit still, dann fange ich noch einmal an: »Ich kenne ein Gedicht von Rainer Maria Rilke, in dem wird der Bau einer Kathedrale beschrieben, das zitternde und bange Suchen nach dem rechten Griff, hin und wieder das Kommen eines Meisters, der die Bauleute ein Stück weiter weist. Und am Ende des Gedichtes steht, fast unvermittelt, die Erkenntnis: Gott, du bist groß. Vielleicht ist es so gemeint, daß wir Menschen durch den Aufenthalt in wirklichen Kirchen, durch ihren Anblick immer wieder zu dieser Erkenntnis geführt werden sollen: Gott, du bist groß!«

Wieder eine lange Stille. Unvermittelt fragt die Französin: »Weißt du, wer dieser Cid ist, dessen wuchtiges Denkmal an der Arlanzón-Brücke steht? Du hast das Monument sicherlich auch gesehen, einen großen dunklen Reiter in schwerer Rüstung und mit einem wehenden, windgebauschten Mantel, das blanke Schwert hoch erhoben.« »Ich habe ihn gesehen«, nicke ich. »El Mio Cid ist, soviel ich weiß, Spaniens größter Held. So wie er heute verehrt wird, hat es ihn wohl nie gegeben – ich glaube, die großen Volkshelden werden immer erst mit der Zeit gemacht, durch Lieder und Sagen.« »Weißt du nicht mehr von ihm?« will die Frau wissen. »Ich weiß nur, daß er im 11. Jahrhundert lebte und sowohl für die Christen als auch für die Araber kämpfte, der Beiname «El Cid», der Gute Herr, ist ja wohl arabisch. Der Sage nach soll er die letzte Schlacht noch als toter Heerführer gewonnen haben, indem er vorher für diesen Fall verfügt hatte, als Leichnam aufrecht auf sein Pferd gebunden in den Kampf zu reiten, damit seine Krieger nicht sähen, daß ihr Führer getötet sei.« »Ich glaube, ein Volk braucht solche Sagengestalten«, meint der Mann nachdenklich, »selbst wenn meist jeder weiß, daß es solche ›Übermenschen‹ gar nicht gegeben haben kann.« Ich nicke, ich muß an Roland denken und an den Morgen in Roncesvalles – ich hatte es geahnt: Auf diesem Weg gibt es keinen eindeutigen Trennungsstrich zwischen Gegenwart und Vergangenheit, keinen zwischen Sage und Wirklichkeit.

15. Und was kümmert mich ein warmer Herd?

Von Burgos nach Covarrubias

Es regnet wieder in der Nacht, meine Wäsche ist auf diese Weise natürlich auch noch nicht trockener geworden. In der Nacht war es mir sehr schlecht, ich lag viel und lange wach. Einmal, im Halbschlaf, war mir, als hörte ich Ines' Lachen – ach, ist sie doch noch gekommen!, dachte ich erfreut, aber natürlich ist sie nicht da.

Jesus Maria kommt mit einem großen Topf Milchkaffee herüber, mit warm geröstetem Weißbrot dazu. Die spanischen Radfahrer machen mir Komplimente über mein Aussehen – ich verstehe aber nicht, da kramt einer mühsam zwei englische Worte hervor: »pretty woman!« Sie lachen fröhlich, ich muß wohl oder übel mitlachen.

Jesus Maria will mir den »Umweg« nach Silos ausreden – 60 Kilometer südlich; nein: auf nach Santiago! Wie soll ich ihm erklären, daß ich gerne das Kloster Lara, die westgotische Kirche in Quintanilla, Covarrubias und vor allem das Kloster in Santo Domingo de Silos sehen will, daß ich außerdem finde, Santiago komme sowieso viel zu schnell näher? Gestern sah ich es auf eine Hauswand gemalt: »A Santiago 462 km! Ultreia!« Ich habe also schon bald die Hälfte des Weges … Er versteht diesen Übermut nicht, schüttelt immer wieder den Kopf.

Es ist so ein Morgen, an dem man gar nicht weg will aus der warmen, trockenen Gemütlichkeit und Behaglichkeit, nicht schon wieder in den Regen hinaus! Als ich mich dann doch endlich aufmache, umarmt mich Jesus Maria, wünscht mir Glück auf dem Weg. Trotzig singe ich vor mich hin, während ich am Fluß entlang gehe: »Einen Sack voll Haber für mein Pferd und was kümmert mich ein warmer Herd?« und: »... mag auch in klaren Nächten das Heimweh mit uns fechten, wir rasten keine Stund ...« In der Nacht, die hinter mir liegt, hat »das Heimweh« gefochten mit mir, manchmal tut es das eben, und ich schäme mich dessen auch nicht. Heimweh zu haben ist wohl auch ein »Gütezeichen« für die Menschen, die Orte, nach denen man sich sehnt, wenn man sie entbehrt.

Ich gehe also nicht Richtung Westen, sondern nach Süden aus Burgos hinaus und komme naß und verzweifelt gegen Mittag in San Pedro de Cardeña an. Schön ist es, als der große, mächtige Klosterkomplex im Regenzwielicht, in der Tristheit plötzlich unter mir auftaucht, darauf zuzugehen ist wunderbar, obwohl es stark stürmt und mir eiskalt ist ... Weitergehen hat vorerst keinen Sinn. Wird denn das Wetter nie mehr besser?!

In einer kleinen Bar beim Kloster frage ich, ob es einen Bus nach Covarrubias oder Silos gäbe. Nein, aber im Moment ist der Konditor da, der die Bar mit Kuchen beliefert; er ist sehr freundlich, nimmt mich in seinem Lieferwagen mit, zurück nach Burgos. In einer kleinen Bar nahe dem Busbahnhof trinken wir noch ein Bier. Er kann ein paar Brocken Deutsch, erzählt, er habe vor 20 Jahren oft als Gastarbeiter in Geislingen gearbeitet – und fällt mir fast um den Hals, nur weil ich Geislingen kenne. So fahre ich nun abends mit dem Bus nach Covarrubias – eine wunderschöne Fahrt durch das regen-triste Land der Tafelberge, die alle oben wie abgeschnitten wirken, die Einsamkeit, die kleinen, halbzerfallenen Orte, deren Fachwerkhäuser in der rotbraunen Farbe der Landschaft gebaut sind und nicht aus ihr herausfallen.

Noch ein wenig durch Covarrubias schlendern, einen hübschen alten Ort, der nur leider ein bißchen zu touristisch aufgemacht ist. Über den schlammig aufgewühlten

Río Arlanza, der die »Stadt« begrenzt, führt eine mächtige Bogenbrücke. In einem kleinen Gasthof am »großen Platz« nehme ich bei einer netten, gemütlichen Wirtin ein Zimmer. Es ist zwar ein Zimmer, in dem zwei Betten stehen, was das Gefühl des Alleinseins nicht unbedingt besser macht, aber es ist sauber – und vor allem trocken! Meine Wirtin kann nicht begreifen, daß ich alleine, »sola«, unterwegs bin. Sie fragt immer wieder, ob ich mich nicht fürchte, sagt ein ums andere Mal bewundernd-kopfschüttelnd: »valiente! valiente!« Später sehe ich im Wörterbuch nach: tapfer oder auch tüchtig lautet die Bedeutung des Wortes. Ja, manchmal verlangt das Leben große Tapferkeit, und es ist noch lange nicht die größte, finde ich, alleine nach Santiago zu pilgern.

16. Herr, bleibe bei uns!

Von Covarrubias nach Burgos

Dunkle Regenwolken hängen tief und drohend am Himmel, es ist sehr kalt, ab und zu aber bricht die Sonne für kurze Zeit durch die Wolkenwand, zaubert einen Glanz über das tropfende Land, daß man einfach singen und glücklich sein muß.

Die Wirtin besorgte mir eine Mitfahrgelegenheit Richtung Santo Domingo de Silos. So ging ich früh um neun zu der kleinen Metzgerei des Ortes, wo gerade Fleisch in den verschiedensten Formen in einen kleinen Lieferwagen verladen wurde. Mit leisem Gruseln sah ich zu. Mit dem netten jungen Metzger fuhr ich dann auf der schmalen, gewundenen Straße bis ungefähr sechs Kilometer vor Silos, wo er zu einem Nachbarort abzweigte. So wandere ich jetzt – ohne Rucksack, der blieb bei der Wirtin –, bis ich Silos sehen kann. Der große Klosterkomplex in hellem Okker mit dunklem Dach bestimmt das Bild des Dorfes. Der romanische, zweistöckige Kreuzgang mutet wie ein einziger Traum aus Licht und Schatten an, aus Vogelgezwitscher und Brunnengeplätscher. In der Mitte flammt in tiefdunklem Grün eine einzige aufrechte Zypresse. Als ich in den Kreuzgang trete – nur der untere Bogengang ist für Besucher geöffnet –, weiß ich, daß dagegen San Pedro de la Rúa in Estella »noch gar nichts« war! Auch hier wieder »Zwillingssäulen« – im Faltblatt des Klosters steht etwas von 138 Säulen und 60 Rundbögen! –, auch hier wieder kein einziges der feinstgearbeiteten Kapitelle auch nur ähnlich einem der anderen. Von ganz anderer Art als die Kapitelle mit Pflanzen, Tier- oder Fabelwesen sind die Eckpfeiler gestaltet, die biblische Szenen zeigen. Als zartes Relief sind die Bilder in Stein gehauen, flächenhaft, wie Elfenbeinschnitzereien, der arabische Einfluß ist nicht zu übersehen. Unübertroffen ist aber der Eindruck des bekannten Nordwestpfeilers mit der Darstellung der Emmausjünger. Drei große Gestalten füllen den ganzen Bildraum aus, kein schmückendes Beiwerk stört den tiefen Ausdruck. Unter den fließenden Gewändern sind die Konturen der einzelnen Körper genau zu erkennen, Haare und Bärte sind kunstvoll symmetrisch geordnet, wie man es von archaischen Bildnissen kennt. Die Jünger versuchen in bittender Haltung, ihren Begleiter aufzuhalten. Dieser hat den Schritt leicht verhalten – seine Füße stehen dadurch merkwürdig überkreuz – und wendet sich über die Schulter zu den Bittenden zurück, die er fast um Haupteslänge überragt. Christus ist in vollem Pilgerornat dargestellt, mit Tasche, Muschel, Stab, Hut und Umhang. »Herr, bleibe bei uns!« – Einer der Jünger hat in flehender Gebärde die Hände gehoben: »Herr, bleibe bei uns!«

Ich muß wieder und wieder diese bloßen Füße ansehen, fast klobige Füße sind es, rauh, mit großen Zehen – Pilgerfüße! Und vielleicht ist es mir noch niemals so deutlich bewußt gewesen wie vor diesem Bildnis, daß alle irdische »Pilgerschaft« letztlich ein überirdisches, ein ewiges Ziel hat, und wie könnte dies schöner und treffender ausgedrückt werden als in diesem Bild, daß Christus, der von sich selbst sagte: »Ich bin der Weg« als Pilger erscheint, der auf dem Weg vorangeht?

Zwei Räume seitlich des Kreuzgangs dürfen noch besichtigt werden: »Pharmacia«, Labor, medizinische Räume. Da sind so viele merkwürdige Gegenstände, Töpfe, Fläschchen und Schubladen mit rätselhaften Aufschriften, aber auch mächtige Bücher. Man kommt sich wie ein Alchimist vor, zurückversetzt in eine Zeit, in der die Menschen noch nicht glaubten, alles zu wissen, zu kennen, katalogisiert und in Computern abgespeichert zu haben.

Mit einem freundlichen älteren Ehepaar aus Holland kann ich nach Covarrubias zurückfahren. Die Frau ist Griechin, eine hohe, stattliche Erscheinung, das graue Haar glatt zurückgekämmt; sie wirkt, als sei sie zu Hause in Räumlichkeiten wie dem Kreuzgang, den wir eben verlassen haben. Schon wieder regnet es sehr stark, aber ich sitze ja nun trocken im Auto, beobachte die Scheibenwischer regelrecht schadenfroh bei ihrer emsigen Arbeit.

Der nächste große Eindruck läßt nicht lange auf sich warten: die Kirche von Covarrubias. Mit bei der Kirchenführung ist eine riesengroße Gruppe fünfzehn-, sechzehnjähriger Mädchen, was mich natürlich nicht gerade mit Begeisterung erfüllt! Der Pfarrer, ein jüngerer, herzlicher Mann, spricht mit offensichtlicher Freude von all den Dingen, die er den Besuchern »seiner Kirche« zeigen kann. Es ist nicht schlimm, daß ich davon nur wenig verstehe, schließlich sprechen die wirklichen Wichtigkeiten für sich selbst. Im Kreuzgang gehe ich in Ruhe einmal ringsum, alleine und unbemerkt, während alle in einer Ecke stehen, dem Pfarrer zuhören. Ein verwilderter Innenhof mit wunderschönem Springbrunnen, mit Efeuranken überall, der Kreuzgang selbst ist reinste Renaissance, mit einer hohen Decke, einem Gewölbe aus feinen Steinstreben, mit Schlußsteinen in Blumenform. Aus dem Kreuzgang geht es weiter in mehrere Museumsräume. In einem kleinen Raum sind einige Kunstwerke ausgestellt, offensichtlich neueren Datums. Aus verschiedenen Materialien, auch bunt bemalt, hat der Künstler Reliefbilder gestaltet, darunter eine Maria im Profil. Ich kann mich nicht erinnern, schon einmal ein solch »starkes« Frauenprofil gesehen zu haben; es ist weniger das Gesicht einer menschlichen Frau, vielmehr der ewig-zeitlose Ausdruck einer Weisen, einer alterslosen Schicksalsgöttin, einer Norne. Dieses Gesicht hat nichts, aber auch gar nichts mit den lieblichen oder süßlichen Zügen zu tun, die so oft die Madonnenbildnisse auszeichnen. Es lebt Kraft darin, Stärke, Urteilskraft, Wissen, Weisheit, aber deshalb nicht weniger Liebesfähigkeit und Güte – eine Frau, von der man sich vorstellen kann, daß sie eine »Gottesmutter« zu sein vermöchte!

Zuletzt führt der Pfarrer uns sein Glanzstück vor: einen gotischen Flügelaltar, in dessen Mittelteil die Anbetung der Weisen aus dem Morgenland dargestellt ist, farbige Holzfiguren in beachtlicher Größe und mit starker Lebendigkeit. Einer der Könige kniet eben vor dem Kind, das – vom Schoß seiner Mutter aus – nach dem kostbaren Gefäß greift, welches er ihm entgegenreicht. Der Kniende sieht, mit etwas hochgezogener Stirn, von unten herauf das Kind an – mit einer schelmischen Innigkeit, von der ich nie geglaubt hätte, daß man sie in Holz geschnitzt einfangen könnte.

Im Nieselregen sitze ich dann noch am Platz, mir ist feucht-fröstelig zumute. Covarrubias ist mehr oder weniger ein bewohntes Freilichtmuseum: mit Stadtmauer und trutzigem Turm, mit engem Steinpflaster, mit alterskrummen Lehmfachwerkhäusern, die Vorderfront auf Stelzen, so daß rund um den Platz ein Arkadengang entsteht. Ich mache wieder einmal Pläne, obwohl ich doch weiß, daß man die entscheidenden Erlebnisse nicht planen kann. Ich möchte noch einmal eine Nacht in Burgos schlafen, allerdings weiß ich nicht, ob ich noch eine zweite Nacht im Refugio schlafen darf. Mal sehen, auf jeden Fall werde ich dort vorbeischauen, um zu sehen, ob Jörg und Viola inzwischen da sind.

Ich darf in einem der Busse mitfahren, die den Haufen Mädchen nach Burgos bringen, wo sie die nächste Station machen. Die Mädchen verabschieden mich rufend und winkend in Burgos. Es regnet – was sonst?! Inzwischen kommt mir Burgos schon etwas vertraut vor. Am Fluß entlang grüne Trauerweiden, darüber die schwarzen, filigranen Türme der Kathedrale, das Denkmal des Mio Cid mit wehendem Mantel, das Schwert in der erhobenen Rechten.

Am Refugio ist alles still, noch abgeschlossen. Ich klopfe beim Haus des Herbergsvaters nebenan, habe ein bißchen Angst, er könne mich nicht noch einmal hier schlafen lassen, aber bei dem ständigen Regen will ich heute nicht weitergehen. Er kommt heraus, lacht erfreut und umarmt mich, küßt mich auf beide nassen Backen, fragt, wie es in Silos war, sagt, er sei froh, daß ich noch einmal hier sei, ich sei ihm »sympatico« – mir wird richtig warm ums Herz bei dieser herzlichen Begrüßung.

Als ich hundemüde in meinem warmen und vor allem trockenen Schlafsack liege, regnet es noch immer sehr stark. Ich bin in einer mir selbst fast fremden Stimmung, in der sich von Trostlosigkeit über Heimweh, Sehnsucht nach allem Möglichen und Unmöglichen, Müdigkeit, Einsamkeit bis zu Teilnahmslosigkeit alles mischt. Im Halbschlaf höre ich, wie noch einmal die Türe aufgeht, dazu die Stimme von Jesus Maria, der gerade sagt, es sei bis jetzt nur eine Pilgerin da, eine wohlbekannte. Jörg! Ich krieche so schnell es geht aus dem Schlafsack – und mit beiderseitigem, jubelartigem Ausruf fallen wir uns um den Hals, Jörg noch im nassen Poncho, ich warm und trocken, er drückt mich fest; dann kommt Viola, macht große Augen, als sie mich sieht, auch wir umarmen uns fest. Jesus Maria steht erstaunt lächelnd dabei. »Where have you been?« Sie hatten zuletzt in San Juan de Ortega von mir gehört, da war ich vor drei Nächten gewesen. Erzählen, Fragen ohne Ende. Sie waren zwei Tage noch in Estella geblieben, dann weitergegangen, obwohl Violas Knie schmerzte. Von Ines haben sie bei José Maria gehört, dem Alten in San Juan de Ortega, sie sei einen Tag nach mir krank angekommen, habe wohl etwas Falsches gegessen, er habe sie mit dem Auto nach Burgos gebracht. Leider wissen sie auch nicht, wo sie jetzt ist. Von Martin wissen sie nichts, ich berichte, was ich weiß: Ob er aufgegeben hat? Susanne wird wohl längst in León sein. Einige Zeit später kommt noch ein Spanier, groß, mit grauem Bart, ziemlich ruppig-struppigem Aussehen, aber irgendwie einem lustigen Zug im Gesicht. Jörg und Viola kennen ihn schon. Miguel kann nur Spanisch, aber über die beiden Brasilianer, die für mich das Wichtigste ins Englische übersetzen, unterhalten wir uns dann sehr gut. Eine Weile kommt auch Jesus Maria noch zu uns herüber. Draußen regnet es, wir sitzen, vergessen Zeit und Müdigkeit.

Als ich irgendwann spät in meinen Schlafsack krieche, bin ich nur glücklich, unbeschreiblich glücklich. Als Jörg zur Tür hereinkam, war das die schönste, ersehnteste Hoffnung des Tages! Heute ist es genau 14 Tage her, daß wir alle drei mit demselben Bus von Pamplona aus nach Roncesvalles kamen, um unser Camino-Abenteuer zu beginnen, denke ich, halb im Einschlafen schon, und nun haben wir uns nach zehn Tagen wiedergefunden!

17. Die Gefährtin eines Hirten

Von Burgos nach Hontanas

Jesus Maria umarmt mich herzlich zum Abschied, noch einmal fühle ich seine kratzige Backe an der meinen. Jörg und Viola wollen noch bis zum Nachmittag in Burgos bleiben, ich habe jetzt nur noch einen Wunsch: Raus aus dieser Stadt! Und ich hoffe inständig, daß das Verlassen von Burgos nicht so lange und schrecklich sein wird, wie das Hineingehen.

Jetzt gerade regnet es zwar nicht, ist aber kalt und windig, sieht durchaus noch nach Regen aus. Im Laufe des Nachmittages wird das Wetter dann aber immer schöner. Seit Tagen zum ersten Mal kann man gut ohne Wollpullover laufen, später sogar nur im Hemd, mit aufgekrempelten Ärmeln.

In Tardajos – endlich wieder »auf dem Lande« –, einem netten kleinen Ort, mache ich Siesta. Alle Glocken läuten sehr lange, dann kommt eine Prozession vorbei, bunte Fahnen, eine Heiligenfigur, kleine Mädchen in weißen Erstkommunionkleidern, viele, viele Menschen, alle singen sie. Als ich zur Kirche komme, ziehen gerade alle Leute wieder aus der Kirche heraus und nun beginnt auf dem Platz davor eine Volkstanzgruppe (Kinder und junge Leute) fast eine Stunde lang zu tanzen. Ich lehne den Rucksack an einen Baum und sehe zu. Die Trachten: rote Röcke mit mehreren schwarzen Streifen, schwarze Oberteile, teilweise nicht ganz hochgeschlossen und mit weißer Bluse nur am Hals, meist aber ganz schwarz oben, kurze, schwarze Schürzchen, kunstvoll geflochtene Frisuren, schwarze Bänder im Haar, weiße Strümpfe. Die Jungs haben schwarze Kniebundhosen und schwarze, offen Westen, weiße Hemden und Strümpfe, eine breite rote Schärpe, deren Enden lang an der Seite herunterfallen, außerdem am Ende der Hosenbeine rote Troddel … Musik mit einer Trommel und drei Klarinetten. Selten wird mit einer Fassung untereinander getanzt, meist mit erhobenen Armen, in den Händen Holzklappern, an denen viele bunte Bänder flattern. Komplizierte Figuren durcheinander – zum Zusehen sehr geeignet, auch gut mit nur Frauen oder nur Männern zu tanzen, was oft gemacht wird, denn es sind nur eine Handvoll Burschen dabei. Da aber sowieso nicht in dem Sinne als Paar getanzt wird, bin ich mir nicht einmal sicher, ob hier die Burschen fehlen, oder ob es Mädchentänze sind. Bei den Kindern sind zwei kleine Mädchen, deren Haare recht hell sind, nicht gerade blond, aber doch in hellem Braunton, alle anderen sind richtig dunkel.

Es ist ein schönes Bild! Wie gerne würde ich mittanzen! Mit ein bißchen nach rechts und links sehen hätte ich wohl auch keine Schwierigkeiten; mit meinem roten Rock und der schwarzen Jacke würde ich kaum auffallen unter den anderen Mädchen …

Auch so aber weiß ich, daß ich »zum Bild dazugehöre«. Hier wird mir zum ersten Mal so recht bewußt, wie der Pilger in das Bild dieser Gegenden, dieser Orte paßt und gehört. Ein kleines Dorf am Rande der Meseta, ein Samstagnachmittag, ein Fest mit Heiligenprozession, Kommunion, Volkstanz und Musik, Menschen im Sonntagsstaat, in Trachten, in »kirchlichen Gewändern« – alles tummelt sich buntgemischt vor der kleinen Dorfkirche. Und dazwischen stehe ich, den Rucksack neben mir an einen Baum gelehnt, in etwas schmutzig-verwaschenen Kleidern, groben Schuhen, mit der Muschel um den Hals. Der Pilger gehört hier zum vollständigen Bild dazu, ich fühle es ganz stark. Kurz darauf sehe ich, auf der anderen

Seite des Kirchplatzes, zwei weitere Pilger, junge, kräftige Männer. Sie bleiben kurz stehen, sehen sich um, trinken aus ihren Flaschen, gehen dann weiter. Sie verschwinden bald in den schmalen Gassen. Und ich weiß plötzlich, wie bevorzugt ich bin – ich gehöre ja zu denen, die weiterziehen dürfen, die unterwegs sind. Ultreia! Weiter!

Ich ziehe nun hinaus auf die Meseta, die kastilische Hochfläche, die auch »die baumlose Gegend« genannt wird, denn Bäume gibt es hier nur selten, dafür Weite – man sieht »ewig« – und sanft gewellte Teppiche aus Feldern und Wiesen ... Der Wind fegt nicht schlecht über diese Flächen, aber es ist ganz gut, nicht unter sengender Hitze hier gehen zu müssen. Die Stimmung ist merkwürdig: ständig wechselndes Licht, Sonne, dann wieder eine Wolke davor – oft schneller, »fliegender« Wechsel, oft langsam, »wandernd«: weiter vorne wird es dunkel, nun kommt langsam oder mit beängstigender Schnelligkeit der Schatten auf einen zu. Es ist ein schöner Tag, ein guter Gang, ich genieße es richtig, endlich keinen Regen zu haben ... In Burgos hatte ich mir sagen lassen, es habe auch in Deutschland ungewöhnlich viel geregnet in den letzten Wochen, sogar einzelne Überschwemmungen habe es gegeben.

Kurz vor Hornillos del Camino sehe ich mich plötzlich vier Holländern gegenüber, einem Fernsehteam, das für das niederländische Fernsehen eine Serie über den Jakobsweg dreht. Sie wollen mich interviewen – ich werde dadurch zwar etwas unsanft aus meiner Einsamkeit gerissen, aber als der Kameramann meint: »Das ist ein Überfall, was?«, da lache ich: »Ja, sowas ist mir noch nie begegnet, aber schließlich passiert einem alles irgendwann zum ersten Mal im Leben.« Ich sage ihnen zwar, daß ich hin- und hergerissen bin bei so etwas, denn auf der einen Seite ist der Camino etwas so Großartiges, daß er ruhig bekannt werden sollte, auf der anderen Seite steht zu befürchten, daß, je mehr Leute hier unterwegs sind, es desto »touristischer« wird und die »Ursprünglichkeit«, die Einfachheit verloren geht. Sie nicken, behaupten, das zu verstehen ...

Sie sprechen alle einigermaßen gut Deutsch, manches wird auch auf Englisch gesprochen. Ich muß mich auf einen Felsen setzen, den Rucksack neben mir, einer jungen Frau einige Fragen beantworten. Ich erzähle ein bißchen, aber was kann man so unvorbereitet und in so kurzer Zeit auch schon wirklich berichten von dem, was es bedeutet, auf dem Camino zu sein?! Ich würde gerne so vieles sagen, vieles ist auch einfach noch unverarbeitet, ich stecke ja in dem Abenteuer noch mittendrin! Dann bitten die Fernsehleute, mich noch bis Hornillos begleiten zu dürfen. Es ist dies ja schon ein »ulkiges« Erlebnis! Ich gehe, die anderen gehen mit der Kamera und dem Mikrofon mal hinter, mal neben, mal direkt vor mir ... Dann muß ich kurz warten – sie wollen filmen, wie ich über eine alte Steinbogenbrücke pilgere und müssen sich erst am Bachufer installieren.

Vor der Kirche von Hornillos steht ein Brunnen in der Sonne, eben trinke ich in langen, durstigen Zügen, als ganz aufgeregt ein kleinerer Mann daherkommt, er sei Pablo von Hontanas, ob ich noch nicht von ihm gehört hätte? Hier in Hornillos würde das Refugio erst noch gebaut, es sei kalt und schlecht, ich solle doch nach Hontanas kommen zur Nacht. Zweieinhalb Stunden, meint er, mehr brauchte ich nicht; es sind gut elf Kilometer. Als Pablo fort ist, sitze ich am Brunnen in der warmen Sonne, sehe den Kindern zu, die um mich herum spielen, den Männern, die zusammenstehen und sich lautstark und gestikulierend unterhalten.

Ich überzeuge mich dann davon, daß hier im Refugio wirklich »noch nichts los« ist – nackter Fußboden, kein Wasser –, aber Jörg und Viola wollten auch hier schlafen heute nacht. Auf der anderen Seite fühle ich mich noch gar nicht müde, habe große Lust, noch etwas zu laufen, auch scheint endlich einmal wieder so schön und verlockend die Sonne, es müßte wunderbar sein, noch ein Weilchen in diesen lauen Frühlingsabend hineinzuwandern! Und so wie dieser Pablo gesprochen hat, untersteht ihm sicherlich ein sehr schönes, gemütliches Refugio. Ach was Refugio!

Irgendwo draußen auf der Meseta werde ich schlafen, wenn es nicht wieder regnet ... Ich hinterlasse eine Nachricht und einen Gruß für Jörg und Viola am Refugio und gehe kurz nach sechs noch einmal weiter.

Die nächsten zwei Stunden vergehen wie ein Traum – ich wandere über die Meseta, in der Sonne, aber doch unter kühlem Wind, der einen liebkost, den Rock um die Beine spielerisch bewegt, in den man sein Gesicht lächelnd, mit geschlossenen Augen hält und sich streicheln läßt. Die Erde ist nicht mehr rot hier, sondern felsig, grau, hellbraun. Viele, viele Steine, oft am Wegrand zu Türmchen aufgehäuft oder zu niederen Mäuerchen geschichtet. Kleine weiße Blümchen, duftender Thymian, einzelne Mohnblumen, hin und wieder Kamille oder etwas Raps. Viele Flächen sind erst gerade umgepflügt, vielleicht auch schon besät, jedenfalls noch nur erdig und leer daliegend. Dann endlose Felder, Felder, soweit das Auge reicht. Weizen, noch recht niedrig und frisch-grün, Hafer mit den langen Grannen – seidig glänzen die »Haare« an den Ähren; wenn der Wind über ein Feld geht, wogt es wie Silber. Wunderschön fließen die Bewegungen der windgebeugten Halme über die Feld-Ebenen, wie tiefgrün-wogende Wasserflächen, eine entzückende Einheitlichkeit in der Bewegung – ich kann mich nicht satt sehen an diesem Spiel, bleibe immer wieder stehen, sehe zu, staune, versuche, die mich umgebende Schönheit, die Stimmung, das Licht, die Freiheit, all das Unbeschreibliche aufzunehmen, gleichsam ganz tief einzuatmen, so daß ich es nie wieder verlieren kann. Dies hier sind Wege, wie man sich »klassisch« einen »Weg« vorstellt, einen »Pfad«: mit den Steinen und Sträuchern am Wegrand, dem weichen Gras auf den schmalen Pfaden, oder auch nur Trampelspuren, Abdrücke von unzähligen Schafhufen in der feuchten Erde.

Einmal begegne ich einem Hirten mit einer großen Herde; die Schafe alle dick und wollig, noch ungeschoren (dabei habe ich in den letzten Tagen schon immer wieder geschorene Schafe gesehen). Vier wunderschöne, große

Hunde sind dabei, alle vier springen und rennen laut bellend auf mich zu, geschmeidig, federnd, goldbraun und weiß-glänzend – ich bewege mich nicht, genieße dieses Bild der Schönheit und Kraft! Ganz dicht vor mir bleiben alle vier stehen, als wäre da eine Mauer zwischen ihnen und mir, sie kommen nicht bis zu mir heran, beschnüffeln mich nicht. Ein Traum wäre es, sich für einige Zeit einem solchen Hirten als Gefährtin zuzugesellen, seiner Ruhe, seinen Hunden, den Schafen, sein einfaches, starkes, »echtes« Leben zu teilen! Aber – es ist wie eine Scheidewand zwischen seinem und meinem Leben; auch die Hunde haben es ja gemerkt.

Immer wieder ein Feld ganz lila, zart lila, voller Saat-Esparsette mit ihren Schmetterlingsblüten, den gefiederten Blättern, so frisch und wunderschön! Kaum einmal irgendwo in der Ferne ein kleiner Baum oder Busch; die Meseta ist nicht platt, nicht flach im Sinne der Pusta oder Dänemarks, eher wie manche Weiten Rußlands, sie hat noch leichte Bewegung in sich, der Horizont ist nicht allzu fern.

Bei den »Ruinen von Nuez«, alten Viehhütten, überlege ich kurz, ob ich nicht hier draußen schlafen soll, egal, ob ich dabei naß werde – die Vorstellung, aus dieser Weite, Einsamkeit und Schönheit in ein irgendwie geartetes Haus und unter Menschen zu gehen, ist einfach unmöglich! Daß ich doch weitergehe, geschieht wie unter einem unerklärlichen Zwang, den ich mir später selbst nicht erklären kann, es ist mir einfach nicht möglich, aufzuhören zu laufen, zu laufen, weiter zu wandern, immer weiter zu gehen …

Der Himmel – schon fast vergessen, wie so etwas aussieht! – blau, zwar nicht wolkenlos, aber blau, mit weißen Wolken. Vögel, so viele verschiedene Vögel – ständig begleitet einen der Gesang des Windes und der Vögel. In meinen Ohren saust der Wind – mir ist, als könne ich nie mehr etwas anderes hören als das Sausen und Singen des Windes in meinen Ohren. Es ist ein Gefühl von Ewigkeit, was mich erfüllt.

Dieser Gang über die Meseta ist wohl das Schönste, was ich bislang auf dem Camino erlebt habe! Aber natürlich ist das Quatsch, verbessere ich mich gleich selbst: sowas kann man nicht sagen. Ich wünsche nur eines: dieser Gang möge nie enden! Aber geht nicht alles Schöne irgendwann zu Ende? Im Spätlicht liegt Hontanas zu meinen Füßen, wie ein Dorf aus einer uralten Geschichte, mit niedrigen, verwinkelten Steinhäusern und schmalen Gassen, mit der überraschend großen Kirche, von deren Turm es eben acht Uhr geschlagen hat, mit Taubenschlägen auf allen Dächern ...

Das Refugio in Hontanas wird noch gebaut. Ich darf oder muß den Neubau besichtigen, will darauf bestehen, dort zu schlafen, kann mich aber gegen die Gastfreundschaft Pablos, der mich eingeladen hat, nicht durchsetzen: Ich »darf« in seinem Haus schlafen, in dem, so beteuert er, schon viele Peregrinos übernachtet haben. Ich werde mit Wein, Brot und Fisch bewirtet, wozu er mich in einen alten Schuppen etwas oberhalb des Ortes führt. Hier ist auch seine »Bodega«, der Weinkeller, als Höhle in den Felsen gehauen. Schon auf der Fahrt nach Covarrubias war mir aufgefallen, daß stellenweise die Felsen regelrecht gelöchert sind. Es wird sogar behauptet, »Covarrubias« komme von »Cuevas rubias« – den roten Höhlen, den Bodegas. Von hier aus hat man einen herrlichen Blick auf das alte Dorf, das in seiner Kuhle geborgen liegt, auf den Rand der Hochfläche ringsumher – alles im abendlichen, schmeichelnden Licht. Jetzt erst spüre ich, daß der Tag lang war, lang und anstrengend. Sehr müde liege ich schließlich in einem ehrwürdigen alten Bett; es ist ein schöner Tag gewesen!

18. Am Sternenweg nach Westen zu

Von Hontanas nach Castrojeriz

Als ich früh aufwache, kann ich nicht leugnen, gut geschlafen zu haben. Aus dem Fenster sieht man die Tauben auf den Hausdächern, die Schwalben, die ihre Nester überall haben. Der neue Tag sieht noch grau aus, aber es regnet nicht im Moment, alles tropft noch, ist frisch und sauber – Pfingstsonntag.

Schwanzwedelnd begrüßen mich zwei schöne, große Hunde, als ich aus dem Zimmer komme; ich bekomme noch einen Stempel, muß in einem Gästebuch unterschreiben, schließlich wenigstens etwas Brot einpacken, nachdem ich mühevoll, aber standhaft jeglichen Kaffee und jegliches Frühstück abgelehnt habe. Ohne mich umzuwenden, gehe ich durch die morgenstillen Gassen, aus Hontanas hinaus. Einige Zeit gibt es einen Trampelpfad längs der Straße, dann verläuft der Camino auf der schmalen Landstraße weiter. Alleen – man glaubt, in Ostpreußen zu sein! Uralte, hohe Birken, teilweise schon mit vielen abgestorbenen Ästen, dann Eichen, junge, blühende Kastanien, wieder Birken, helle, kleine: »Jung sind die Birken und leuchten am Wege weit in ihrer blanken Reih'«, summe ich vor mich hin. Ultreia! Pfingstsonntag …

Die Ruinen des Klosters San Anton, hohe, gotische Ruinen – ich stehe vor den beeindruckenden Silhouetten, die von einstiger hehrer Schönheit, Gewalt und Größe erzählen, noch im jetzigen, zerfallenen Zustand etwas kündend von den eigentlich großen Dingen. In immer stärkerem Regen gehe ich dann die zwei Kilometer von der Klosterruine nach Castrojeriz. Auf dem Hügel über der Stadt ducken sich die Ruinen der Burg »Castrum Sigerici«, wohl eine Westgoten-Burg, auch hier gab es einst viele blutige Auseinandersetzungen zwischen Mauren und Christen. Eine Ahornallee geleitet mich nach Castrojeriz hinein. Am Ortseingang steht ein Steinkreuz von wunderbarer Ausdruckstiefe: Johannes und Maria neigen sich zu beiden Seiten des Kreuzes, bilden einen Bogen unter dem Querbalken. Vor der Kirche Santa María del Manzano, am Eingang des Ortes, stelle ich mich im notdürftigen Schutz des Portales unter; der Regen wird immer stärker.

Unaufhörlich, Stunde um Stunde fällt der Regen wie ein Schleier, ein Vorhang aus hauchdünnen Silberfäden, oftmals kaum zu erkennen gegen den grau in grau verschwimmenden Himmel. Die kleine Eiche am Gartenzaun gegenüber wird gebeutelt und gebogen vom Frühjahrssturm, der von Zeit zu Zeit mit großer Kraft daherbraust, dann wieder mit leiser, auf der Lauer liegender Macht nur eben sanft um die Ecken streicht. Auch der Ahorn schüttelt grüne Blätter auf die Pflastersteine und in die Pfützen unter sich, Bäche rinnen über die Straße – eine Dorfstraße, drekkig, schlammig, Strohhalme, Schafknödel – alles ertrinkt im Regen, der Tag um Tag, Stunde um Stunde fällt, mal stärker, mal schwächer, aber ohne wirkliche Unterbrechung – als hätte Gott am Himmel eine Schleuse geöffnet, und er hat viel Wasser da oben …

Weht der Wind stark, dann rumpelt und pfeift und orgelt er um alle Hausecken, dann nimmt er den Silbervorhang und bauscht ihn weit unter das Vordach – eine Wolke aus feinstem sprühendem Licht, aus hauchdünner Nässe …

Vom Regengeräusch und dem Windgesang eingelullt werden, Gedanken und Gefühle in eine Eintönigkeit und schmiegsame Schwermut hinein wiegen lassen, in welcher man glaubt, es werde nie mehr die Sonne scheinen, in der man fröstelt von innen her.

Sich danach sehnen, im fallenden Regen zu verströmen, als fruchtbarer Silbertropfen in die Erde zu sinken, namenlos, einer der vielen, gegeben aus Gottes Hand, um – vom Land hinter den Sternen kommend – auf die Erde zu fallen, wohltuend in sie einzudringen, durch sie hindurch wieder aufzusteigen zum Herkunftsland hinter den Wolken ...

Und immerzu den Regen regnen hören ...

Stunde um Stunde ...

Den Regen fallen zu hören, wird so selbstverständlich, daß es schon nicht mehr wirklich wahrgenommen wird, es tritt in den Hintergrund, wird zu einem Nebengeräusch, welches erst wieder bewußt wird, wenn es wegfällt. Wie vieles wird auf diese Weise »überhört«: Musik, ein Bach vor dem Fenster, die Stimmen anderer, Vogelgezwitscher und das Rauschen des Waldes, Straßengeräusche und Maschinenlärm ...

Werden nicht viele Klänge der Kindheit erst später in der Entbehrung bewußt, wenn sie nie mehr vernommen werden? Und kann nicht ebenso ein einzelnes Geräusch Erlebnisse und Gefühle vollständig und schlagartig in die Erinnerung zurückzaubern?

Und immerzu den Regen regnen hören – irgendwo im Unbewußten ...

Stunde um Stunde ...

Nach und nach so eingelullt sein, so eingewiegt in den strömenden Gesang aus Silber und Licht, in die trostlose Schwermütigkeit des eintönigen, alles ertränkenden Regens, der den Pilger unbehaust macht, schutzbedürftig und einsam, der ihn abschneidet von der »großen, weiten Welt« und ihm ein kleines Häuschen baut, tief drinnen im eigenen Gemüt, in das er sich dann fröstelnd verkriecht. Hier vernimmt er nun die Stimmen seiner Träume, hört er mit anderen Ohren. Er hat sich zugemacht für das Regnen, für alles von außen, er hört nur noch nach innen hinein, ohne es recht zu wissen. Und irgendwann ist da nur noch die Stimme der Freundin, die leise singt. Sie singt das schwermütige Regenlied, welches auf gemeinsamen Fahrten in solchen Stunden immer dazu gehörte ... Der Pilger fällt mit verhaltener zweiter Stimme ein und es klingt »wie früher«, man ist nicht mehr einsam und nicht mehr allein, man sitzt eng beieinander im kleinen Häuschen, während der Regen rauscht …

Vor Kälte zusammenschauernd, gehe ich irgendwann weiter, die Melodie des Regenliedes vor mich hinsummend, erst einmal eine Bar zu suchen oder schon gleich das Refugio. Ich will hoffen, daß Jörg und Viola kommen; wenn sie gestern in Hornillos del Camino waren, dann dürften sie heute wohl hierher kommen – das wäre schön!

Durch die engen, gepflasterten Straßen fließen Bäche, in den abschüssigen Gäßchen schon recht reißend – ich beiße die Zähne zusammen: Dieser ewige Regen schlägt langsam auch mir aufs Gemüt! Hat wirklich gestern die Sonne geschienen? Kaum mehr vorstellbar!

Der Ort ist groß, er zieht sich sehr, hoffentlich bin ich noch nicht am Refugio vorbei gegangen – nirgends eine Menschenseele zu sehen, nur kalt alles, naß. Es regnet jetzt in richtigen Sturzbächen, es schüttet. Endlich, endlich findet sich eine Bar. Ich gehe hinein, ziehe den Poncho aus, wische über das kalte, triefendnasse Gesicht, sehe mich um, grüße … und – welch Geschenk des Himmels! – an der Bar stehen zwei Menschen, die ich kenne, die mich kennen: das ältere französische Ehepaar, das ich in Burgos getroffen hatte. Die beiden lachen, grüßen mich erfreut. Ich bestelle eine große Tasse »café con leche«, die beiden Franzosen lassen es sich nicht nehmen, den Kaffee »por la Señorita« zu bezahlen, ebenso eine kleine Süßigkeit – es gibt hierzulande sehr viel so kleines, schrecklich süßes Gebäckzeug. Ich schlürfe den heißen, süßen Kaffee! Es ist gar nicht zu beschreiben, was das für eine Wohltat ist, wenn man so aus dem Prasselregen kommt! Noch ein französischer Pilger gesellt sich zu uns, die anderen kennen ihn schon; mich, sagt er, habe er gestern gesehen, ich sei sehr schnell gewesen, meint er bewundernd. Er sieht sehr gut aus, finde ich, stark, mit einem lustig-verschlagenen Gesichtsausdruck, so wie ihn in Filmen oft die Gangster haben, nein, nicht unbedingt die Gangster: er erinnert an den

»guten Helden« mit der Mundharmonika in »Spiel mir das Lied vom Tod«. Leider spricht er nur Französisch, ein ganz klein wenig Spanisch. Die anderen beiden sprechen einigermaßen Englisch – und so gibt es wiedermal eine Unterhaltung, wie so viele hier am Camino: in einem Sprachenmischmasch, bei dem man sich teilweise etwas gegenseitig übersetzt oder auch Inhalte mehr erahnt als versteht – und doch sich ein bißchen austauscht über all die Gedanken, die einem kommen, wenn man auf solch einem Weg ist, Gedanken zum Mittelalter, zum Pilgern, zum Unterwegssein, zur Vergangenheit. Der junge Franzose meint, es sei gar nicht vorzustellen, wie zum Beispiel die Soldaten Napoleons im Winter(!), nicht nur bei Regen, nach Rußland zogen, ohne all den Komfort, den wir heute selbst dann brauchen, wenn wir so »primitiv« und landstreichermäßig einfach unterwegs sind! »Ja, ja«, sage ich, »aber wie viele von ihnen sind auch nicht wieder nach Hause zurückgekehrt! Ich möchte gerne noch einmal nach Hause kommen, möchte nach diesem hier noch viele Wege gehen können!« Außerdem, meint die ältere Französin, brauche keiner von ihnen hier diese kleine Bar, die Tasse heißen Kaffees zum Überleben, aber beides sei doch ganz gemütlich, oder? Sie sieht den jungen Kerl richtig herausfordernd an, der versucht, unter seinem Hut ein gleichgültiges, überlegenes Gesicht zu machen, dann aber doch nicken muß, alle vier lachen wir herzlich ... Als der junge Franzose bezahlen will, reicht er dem Wirt einfach seinen Geldbeutel über die Theke, meint achselzuckend, er verstehe die spanischen Zahlen ja doch nicht, außerdem könne er die Münzen nicht auseinanderhalten.

Es regnet und regnet und regnet. Die beiden Franzosen sind in ein Hotel gegangen, der Bar gegenüber, der Junge will weitergehen, »wenn der Regen aufgehört hat« – falls der jemals wieder aufhört! Ich gehe zum Refugio. Es gibt warmes Wasser und einen Herd, auch wenn die Matratzen schmutzig aussehen und sich feucht anfühlen. Eine heiße Dusche, trockener Trainingsanzug, trockene

Wollsocken, Sandalen, ein heißer Tee – wie solche Dinge doch einen ganz anderen Menschen aus einem machen können! Sogar ein uraltes Radio steht auf der Fensterbank, auch eine Zeitung findet sich, um die nassen Schuhe damit auszustopfen, und als größten Luxus besitzt dies Refugio einen kleinen Heizstrahler, vor den man einen Stuhl stellen kann, um seine nassen Kleidungsstücke darüber zu hängen.

Nach einigen Stunden Schlaf gehe ich in den Regen hinaus – und eben als ich aus dem Refugio trete, kommen Jörg und Viola um die Ecke, winken lachend. Die beiden sind naß und durchfroren, kein Wunder, sie gingen bei diesem Wetter über die ungeschützte Meseta!

Die Kirche San Juan ist offen. Hohe, hellgraue Gotik umfängt mich beim Eintreten, starke Säulen, an den Schlußsteinen des Gewölbes maskenhafte Gesichter, traurige und fröhliche, sie erinnern an die Schauspielmasken der griechischen Komödien und Tragödien. Mehrere Seitenaltäre mit teilweise schönen Figuren, Steinsarkophage ohne Gestalten, aber in reichem Ornamentschmuck behauen. Zwei, drei Leute gehen gleich, als ich hereinkomme, nur ein Junge bleibt. Er ist sechzehn, siebzehn, allerhöchstens achtzehn Jahre alt; er gesellt sich zu mir, sagt schüchtern »Holla!«, weicht mir nicht von der Seite, fragt »Sola?« Bloß kein Annäherungsversuch, denke ich, das kann ich heute nicht ertragen! Aber dann wird die Begegnung mit diesem Jungen zu einer beglückenden, ungewöhnlichen Erfahrung. Er spricht leise, schüchtern, fast gehemmt, fragt das Übliche, fragt dann, ob mich die Schultern schmerzen und faßt nach ihnen mit erstaunlich festem Griff – er kann sicherlich gut massieren! »Nicht schlimm«, sage ich, »mein Rucksack ist nicht so schwer!« Er erklärt mir einiges von der Kirche, macht mich auf verschiedene Kleinigkeiten aufmerksam, schließt dann eine Türe auf, öffnet sie weit, winkt mich heran – es ist, als läge ein Traumland des Lichts, des Friedens hinter dieser Türe. Ich blicke auf einen wunderschönen romanischen Kreuzgang, direkt an die Kirche angebaut, drei Seiten Säulengänge, die vierte ist die Kirchenwand. Eine blau und rot bemalte, niedere Holzdecke, einfache und doppelte Säulen, schlichtgearbeitete Kapitelle. Der Innenhof, in den leichter Regen fällt, ist grün überwuchert, Gras, Blumen, ein altes Becken in der Mitte, aber kein Springbrunnen. Ich stoße einen entzückten Überraschungsruf aus, der Junge nickt lächelnd, als habe er diese Reaktion von mir erwartet. Neben mir geht er langsam durch den Kreuzgang, zeigt ein-, zweimal auf eine besonders schöne oder lustige Bemalung an der Decke, dann lachen wir zusammen. Schließlich zeigt er mir an einer der verwitterten Säulen eine Stelle, auf die ich die Hand legen soll, er steht neben mir, in die gleiche Richtung sehend, faßt nach meiner freien Hand, verschränkt seine Finger mit meinen, dann streicht er mit seiner freien Hand über meine Augen: Ich soll sie schließen. Es ist wie im Traum – der Kreuzgang in seiner Schönheit und Stille, meine Hand an eine der Säulen geschmiegt, neben mir dieser Junge, von dem etwas Besonderes ausgeht, unsere Hände ineinander, die Augen geschlossen … Durch mich zieht ein unglaublicher Friede, eine Ruhe, ein unbeschreibliches Glück! Wieder an der Tür, läßt mich der Junge vorgehen; er faßt mich am Rücken, wie um mich zu »lenken«, zu stützen – ich weiß ja nicht, wohin er mich als nächstes führen wird. Seine Berührung ist nicht unverschämt, er stützt mich als etwas Kostbares, mit der gleichen scheuen Ehrfurcht, mit der er seine Hand auf eine der Säulen des Kreuzganges gelegt hat. Mir ist, als würde mir durch diese zarten, fürsorglichen Berührungen Würde gegeben. Der Junge führt mich zu einem Punkt im hinteren Teil der Kirche, stellt mich auf einen Stein genau unter einer »Rose« im Kreuzgewölbe der Decke; ich bin nur offen, offen für das, was er tun wird mit mir. Wieder muß ich die Augen schließen, er hebt meine Arme, kehrt die Handflächen nach oben, der Poncho, der mich wie ein priesterliches Gewand umhüllt, fällt bis über meine Hände, aber das scheint ihn nicht zu stören, er legt seine Hände um mein Gesicht, an die Schläfen, er steht dicht vor mir – mit geschlossenen Augen sehe ich ihn nicht, fühle ihn aber um so mehr. Er atmet tief und schnell, seine Hände an meinen Schläfen zittern, trotzdem geht nicht Erregung von ihm aus, sondern Ruhe. Er greift wieder nach meinen Händen, führt die Arme langsam an meinen Körper zurück, drückt sie fest an meinen Leib, hebt sie noch einmal, führt sie nach einer Zeit wieder nach unten, spricht leise dabei, führt mich an der Hand von der Steinplatte herunter. Er öffnet eine andere Tür: die Treppe hoch zur Galerie über dem hinteren Teil der Kirche, Aufgang und Geländer sind mit durchbrochenen Gotik-Ornamenten verziert. Wieder bedeutet er mir mit liebevoll-zärtlicher Berührung im Rükken voranzugehen, es ist, als helfe er mir, mich stützend, hinauf. Oben ist wohl lange niemand mehr gewesen: Staub, Gerümpel, einige demolierte Figuren, aber man ist dem hohen Deckengewölbe näher hier – auch das ist ein erhebender Eindruck, so wie man sich manchmal im Gebirge dem Himmel näher fühlt als im flachen Land.

Der Junge bringt mich noch bis zur Kirchentür. »Gracias!« sage ich, mehr kann ich nicht sagen, es ist auch nicht nötig. Er blickt scheu zu Boden, murmelt »Ne nada!« Beide sagen wir leise »Adios!«, dann bin ich wieder draußen; es regnet nicht mehr. Fast benommen gehe ich die Treppe vor der Kirche hinunter: Iglesia San Juan in Castrojeriz.

Ob diese Begegnung nicht auch durch die Unmöglichkeit des sprachlichen Austausches so tief und ergreifend war? Es fand ein ganz starker Austausch jenseits der Wortebene statt. Wir sprachen kaum etwas, begegneten uns wie hilflose, scheu-verlegene Kinder, und auf der anderen Seite wie, ja wie zwei »Eingeweihte«, wie Menschen, die sich schon seit Urzeiten kennen, die, ohne Worte zu brauchen, gemeinsam etwas erleben, das sich in Tiefen abspielt, die man mit Worten nicht erreichen und nicht beschreiben kann. Ich weiß selbst nicht, was mir da widerfahren ist, aber es war wie ein Wunder. Mir fällt auf, daß ich kaum in der Lage wäre, irgend etwas vom Äußeren des Jungen exakt zu beschreiben, ich habe ihn mit anderen Sinnen als den Augen erlebt …

Einer berührt dich und legt dir seine Hände um's Gesicht – du fühlst, Schmetterlingsflügel, Sonnenstrahlen, zartes Streicheln des Windes, du fühlst, wie dein Herz pocht, wie alles Leben sich in dich hineindrängt, nicht mehr sich nach außen verliert …

Du berührst eine Säule. Kalten Stein? Geformtes Leben? Den Ruhe- und Angelpunkt deines Seins? Du fühlst dich getröstet und angekommen, festgemacht am Hafen, den Halt gefunden …

Du fühlst in dir Musik, ein ganzes Orchester: Silberflöten, warme Frühlingssonne, Geigensäuseln, leisen Windgesang, Pauken und Trompeten, Blitz und Donner eines Sommergewitters, Celloklänge, eine warme Hand, die sich um deine kalte, zitternde legt, fest und sicher …

Du fühlst die Sehnsucht, die dein ganzes Leben durchzieht, wenn sie auch jeden Tag einen anderen Namen haben mag, du fühlst den Weg bis ans Ende der Welt, spürst deine Pilgerfüße: grob, schwielig, wund – ein Fuß vor den anderen, wieder und wieder, auf dem Weg nach? – auf dem Weg eben …

Du fühlst die Müdigkeit und Verzagtheit, die so oft über den Pilger kommt, spürst sie wie den schweren Rucksack, der auf deine Schultern drückt, dich niederbeugt und beschwert …

Du fühlst das Ziel in dir, wenn du ausgelöscht sein wirst, eine Stimme der Natur geworden: glucksender Regen, donnernde Brandung, orgelnder Wind, jubilierender Vogel, leuchtendes Mohnblumenrot, sich neigender Getreidehalm …

Du stehst unter dem Gewölbe einer Kirche, zwischen Säulen und Bogengängen, hellen Steinmelodien und Licht, durch buntes Glas gebrochen – und alle Fragen nach Gott, nach dem Leben, alles Verstehen- und Wissenwollen werden zu körperlichen Schmerzen, die Linderung erfahren: zu wundgelaufenen Füßen, die gepflegt werden, zu schmerzenden Schultern, die massiert werden, zum verirrten Pilger, dem der rechte Weg gewiesen wird …

Noch fast zwei Stunden schlendere ich durch Castrojeriz, möchte gerne zur Burgruine hinaufsteigen, aber ungefähr auf halbem Hang muß ich aufgeben: Die Erde ist zu naß und lehmig, sie klumpt an den Schuhen, ständig rutsche ich rückwärts. Schon von halber Höhe hat man jedoch eine schöne Aussicht auf den Ort im Abendlicht und die ihn umgebenden sanften Hügelzüge.

Noch einmal gotische Ruinen an diesem Pfingsttag: Die Ruinen von Santa Clara. Einige grazile Spitzbögen, von allerlei Grünzeug überwuchert – mehr ist nicht mehr zu sehen. So oft schon habe ich mich gefragt, was eigentlich von unserer Zeit einmal bleiben wird, was noch Hunderte von Jahren später schön und bedeutungsvoll ist.

An der Tür zur Kirche Santa María del Manzano hängt ein Zettel, daß man Vincente fragen solle wegen des Schlüssels. Dazu habe ich jetzt keine sonderliche Lust, auch habe ich das Gefühl, das Innere dieser berühmten Kirche nicht unbedingt sehen zu müssen: Ich habe ja San Juan gesehen, erlebt – wenn man so reich ist, kann man anderes beruhigt links liegen lassen.

Wieder im Refugio, treffe ich Jörg und Viola. Es wird sehr gemütlich. Auch Miguel, der lange Spanier von vorgestern in Burgos, ist wieder da. Als er kommt, verbeugt er sich ein wenig vor mir, sagt lächelnd: »Buenas tardes, Señorita!«, und ich grüße ebenso zurück: »Buenas tardes, Señor!« Miguel, das weiß ich inzwischen, war schon einmal mit dem Fahrrad auf dem Camino, aber er meint, das sei »zu einfach«, nicht dasselbe wie zu Fuß. – Später meint Jörg: »Stellt euch vor, wir seien jetzt hier eine Runde in früherer Zeit und wir kämen zusammen aus allen bedeutenden Gegenden und Rassen. Du«, nickt er zu Viola hin, »du bist eine spanische Jüdin, Miguel ist ein afrikanischer Moslem, du« – dabei deutet er auf einen spanischen Pilger – »bist ein deutscher Tempelritter und du«, sagt er zu mir, »eine keltische Priesterin, ich selbst bin ein Beduine, ein Sternkundiger aus der Wüste des Morgenlandes.« Was sind wir doch für eine bedeutende Versammlung hier in diesem kleinen spanischen Ort, der am Sternenweg nach Westen liegt!

19. Gegenwart in den Räumen der Vergangenheit

Von Castrojeriz nach Frómista

In der Frühe zunächst ein wunderbares Wegstück von Castrojeriz auf die Meseta hinauf und über sie hin. Im Magen noch die wohlige Wärme des Schokoladenpuddings, den der spanische Pilger gekocht hatte – es war ganz ungewohnt gewesen, zu erwachen und jemanden flink und emsig am Herd hantieren zu sehen. Das Gehen ist zwar mühsam, weil die Erde naß ist und rutschig, schwer an den Schuhen hängt, aber die Landschaft ist traumhaft schön. Diese Weite, die Farben – diese unendlich vielen verschiedenen Grüntöne, das Rot, Violett, Gelb, Braun. Der Himmel ziemlich blau – die Sonne scheint! In der Ferne zwar ist es dunkel, aber wen kümmert schon die Ferne!

Der Río Odrilla ist braun, reißend, fast am Überlaufen – von der Hochebene aus liegt er wie ein gleißendes, breites Band im Land, von der anderen Seite überm Tal grüßt die Burgruine über Castrojeriz, die vier Spitzen auf dem Turm von San Juan leuchten in der Sonne.

Ich erinnere mich kopfschüttelnd, daß Susanne sagte: »Die Meseta ist doch nur flach und langweilig« – aber zugleich kann ich mir vorstellen, daß sich die Reize der Landschaft, die ich selbst seit Burgos durchwandere, einem Autofahrer nicht erschließen können!

Es beginnt wieder, immer stärker zu winden. Als ich auf einer elfbogigen Brücke den Río Pisuerga überquere, regnet es bereits wieder. Ursprünglich war der Fluß Pisuerga die Grenze zwischen Kastilien und León, heute endet hier die Provinz Burgos. Hinter der Brücke macht ein Stein mit gewichtiger Aufschrift den Pilger darauf aufmerksam, daß er nun die Provinz Palencia betritt. Mir wird an solchen Stellen immer wieder deutlich, daß ich mich ja nicht in zeitlosem, »ewigem« Gebiet befinde, in dem die Vergangenheit eine fast größere Rolle spielt als die Gegenwart, in dem es viele Dinge gibt, die es sonst nirgendwo mehr gibt – sowas wie Pilger –, sondern daß es zugleich ein Land ist, in dem Menschen von heute leben, in Provinzen und Ordnungen, mit Feindschaften und Freundschaften, mit politischen Streitigkeiten und Machtkämpfen, mit demokratischen Parteien und dem Unabhängigkeitsbestreben stolzer Minderheiten.

Bei starkem Regen gehe ich durch Itero de la Vega. Die Wege sind aufgeweicht, jeder Schritt ist mühsam, beschwerlich, die Schuhe sind fünfmal so schwer wie normal. Einmal trottet eine Schafherde über den Weg, noch dick, zottelig, ungeschoren, ihr Gang scheint unverändert trotz des nassen Bodens.

Es ist zwar Pfingstmontag, aber das Wetter scheint noch einmal den April heraufbeschwören zu wollen: Den ganzen Tag wechseln heftige Regenschauer mit heller Sonne, Regenbögen mit blauem Himmel, kalter Wind und dunkel sich zusammenziehende Wetterfronten. Bis ich in Boadilla del Camino bin, scheint bereits wieder die Sonne. So mache ich Siesta auf einer Bank der Kirche gegenüber und beobachte dabei die Störche im Nest auf dem Kirchturm. Sie klappern laut miteinander, als hätten sie einen Familienkrach.

Am Feldrand das Blühen! Margeriten, Mohn- und Kornblumen, Raps, lila blühende Disteln, violette Wicken, rosa Malven, Storchschnabel … so viele unbekannte auch, für die ich keinen Namen weiß. Einmal ein Feld ganz grün, nur rundum, wie ein »Zaun«, ein Streifen gelbblühenden Rapses, dann majestätische Schwertlilien, tief dundelviolett, große Frösche, die vom Weg zur Seite springen, auf einer Leitung sitzen zwei dicke Spatzen mit nassem, struppigem Gefieder – ob die sich überlegen, ob sie nicht auch mal südwärts fliegen sollen?

Es gibt am Wege viele schöne Stellen, an denen man bei trockenem Wetter gerne eine Weile bleiben würde, vielleicht sogar schlafen, ein Feuer haben. Am Fluß, unter den Weiden, zwischen den alten Steinmauern, da sieht das Gras so weich und grün aus. Wenn aber immerzu alles naß ist, geht man eben weiter, weiter! Noch weiß ich nicht, daß ich und andere diese Wochen später als »die große Regenzeit« bezeichnen werden …

Zuletzt geht der Weg bis Frómista an einem breiten Kanal entlang. Auch hier ist das Wasser braun und schmutzig-aufgewühlt. Bald regnet es auch wieder – heftig, kalt, dazu windet es sehr stark, das ist am schlimmsten, denn dann peitscht es auch den Poncho durch die Gegend. Für kurze Zeit scheint noch einmal die Sonne, der Wind wird warm – ich gehe diesen ganzen Weg laut singend, egal ob es regnet oder die Sonne scheint. Es folgt ein unwirkliches Zwischengewitterlicht, der Wind zerrt an den Kleidern, die Farben der Landschaft sind unwahrscheinlich stark und frisch, das Wasser im Kanal glänzt im Licht wie flüssiges Metall. Dann regnet es wieder, der Glanz erlischt, wird weggespült …

Der erste Gang in Frómista führt mich natürlich zur Kirche San Martín, auf die ich mich lange gefreut habe. Das ist Romanik! Eine wunderbare Kirche! Endlich ein in sich einheitliches Bauwerk, außen und innen unbeschadet von späteren »Stilblüten«. Alles ist helle Schlichtheit voller Rundbogenformen; welch ein Segen, daß nicht ein Barockaltar hier steht, nicht auszudenken, wie sich hier Gotikelemente ausnehmen würden, Gold, Farbe, Heiligenbilder … Wenn man allerdings einmal gesehen hat, wie stark, rein und heilig solch ein Bauwerk im Zusammenklang seines Äußeren und seines Inneren ist, wenn keine spätere Epoche ihm auch noch die eigenen Züge aufprägte, dann empfindet man es an anderen Orten nur um so abscheulicher, daß die Einheitlichkeit und Harmonie des Stils in so vielen Fällen zerstört wurde. Und je weiter die Epoche zurückliegt, desto häufiger ist dies ja der Fall, deshalb ist diese rein romanische Kirche auch etwas so Besonderes.

Anschließend treffe ich auf das ältere französische Ehepaar, das ich zuletzt in der Bar von Castrojeriz gesehen hatte; sie stehen gerade bei der Santa María del Castillo-Kirche unter, denn es regnet wieder einmal – welche Ausnahme! Die beiden berichten, sie hätten in Itero de la Vega im Supermercado meine Unterschrift im Pilgerbuch gesehen. Dort war mir zum ersten Mal ein sogenanntes »libro« in einem Lebensmittelgeschäft begegnet; ich hatte an der Kasse nicht nur bezahlen, sondern auch »mich verewigen« müssen – offensichtlich war es den Franzosen ebenso ergangen.

Gemeinsam mit Miguel, Jörg und Viola, die inzwischen auch angekommen sind, gehe ich auf »Stempelsuche«, wir bekommen ihn bei einer netten, älteren Frau, einige Straßen weiter.

In einem ungemütlichen, kalten Refugio sitzen wir dann noch einmal zu viert zusammen. Wir ahnen nicht, daß wir zum letzten Mal Brot und Wein miteinander teilen. Vielleicht würden wir, wenn wir es wüßten, diesen Abend nicht mehr so heiter durchleben – so aber ist er unbeschattet von Abschied und Trennung. Das Englisch-Spanisch-Mischmasch beherrschen wir inzwischen nahezu perfekt. Später am Abend machen wir aus, jeder soll ein Lied in seiner Sprache vorzutragen. Die Brasilianer singen zweistimmig ein portugiesisches Endloslied; Miguel krächzt mehr, als daß er singt. Von mir wünschen alle ein russisches Lied – so singe ich schließlich den »Stenka Rasin« mit seiner schwermütigen Melodie. Sie sind begeistert. Im Laufe des Abends sagen wir auch noch Gedichte in unseren verschiedenen Sprachen auf. Alles in allem ist es noch einmal ein sehr intensiver, gemeinsamer Abend, ein Abend »am Sternenweg nach Westen«, denn ohne den Camino hätten wir uns wohl kaum kennengelernt: Miguel aus Spanien, Jörg und Viola aus Brasilien und ich aus Deutschland.

Es gibt mehrere kleinere Schlafräume, so haben wir dann auch ein Zimmerchen zu viert. Die Schwalben fliegen hoch über die Dächer der Stadt, die Störche auf dem Turm von Santa María del Castillo haben Junge im Nest … Jörg zaubert eine Mundharmonika aus seinem unerschöpflichen Rucksack, ich spiele darauf, bis die anderen schon schlafen und nur ich selbst noch daliege, mich in den Schlaf sehne und träume.

20. Die Sonne ist das Ziel!

Von Frómista nach Calzadilla de la Cueza

Es ist kalt, als ich früh weiterziehe, sieht aber recht klar aus – ob das endlich ein Tag ohne Regen wird? Bis Carrión geht es heute entlang der Straße, zwar kleinere Landstraße, aber ... Der Río Ucieza, den man bei Poblacion überschreitet, ist breit, dreckig – die Büsche und Bäume stehen »knietief« im Wasser. An der Kirchmauer von Santa Magdalena leuchten rote Mohnblumen im schwach-wärmenden Sonnenschein. Sonst ist es windig und frisch, hin und wieder zieht es sich bedrohlich zu, regnet aber nicht.

Ich gehe über die kleinen Landstraßen, an deren Rändern so viel buntes Blühen lebt. War es nicht Tagore, der bemerkte, daß Gott zwar großer Königreiche überdrüssig werde, aber kleiner Blumen nie? Hier gehe ich durch die vergessenen Gottesgärten am Straßenrand und fühle mich wie eine Königin deshalb. Hier lebt das weitgedehnte Blauviolett wiegenden Storchschnabels über ganze Felder hinweg, dort blüht das makellose Rot einer einzelnen Mohnblume gegen das Grün-Gold-Braun eines Ährenfeldes, hier steht eine hohe Malve schüchtern und abseits, zwischen hohe Gräser gekauert, zitternd im blaßrosa Kleidchen wie ein Mädchen, das den Geliebten erwartet – bangend und scheu in atemloser Sehnsucht nach dem Glück ... »Nie, nie werde ich es aufgeben!« erkläre ich den Gottesgärten mit fester Stimme, »nie werde ich es aufgeben, um jene andere Sprache zu ringen, in der man ausdrücken könnte, was eine Blume, eine Farbe, ein Windhauch, ein Weg bedeutet. Eines Tages werde ich vielleicht die Ahnung jener Sprache erreichen, wird es mir gelingen, meine Worte nahe am Unsäglichen auszusagen, wenn das Unsägliche selbst schon nicht aussprechbar, nicht aufzuschreiben ist!« – in hilfloser Ohnmacht vor dem eigenen Unvermögen balle ich die Fäuste …

Die kathedralenmäßige Templerkirche Santa María la Blanca von Villalcázar de Sirga ist schon von weitem zu sehen – wie fast alles in diesem flachen Land. Sie hat eine wunderbare Form, auch schon aus der Ferne ist die große Rosette über dem Südportal zu erkennen. Vor der Kirche stehend, sieht man dann auch die Portalbögen voll verwitterter Figuren … Gerade geht eine Messe zu Ende, der große Kirchenraum ist voll singender Menschen. Ich stelle still den Rucksack in eine Ecke, setze mich in eine Bank. Vielleicht ist das überhaupt das Schönste: in eine Kirche zu kommen, wenn sie gerade zu einem Gottesdienst genutzt wird, die Kerzen am Altar brennen still. Es wird ohne Liederbuch gesungen, dabei sind es sehr lange liturgische Gesänge, ein bißchen schwermütig, nicht allzu kompliziert von der Melodieführung her. Singend gehen die dunkelgekleideten Menschen einer nach dem anderen nach vorne, um am Altar das Brot zu empfangen, singend kehrt jeder an seinen Platz zurück …

Als ich, nach einer Tasse Kaffee in einer gemütlichen Bar, in der offensichtlich nach der Messe noch das halbe Dorf, festlich gekleidet, bei lautem Gespräch zusammensaß, auf die Straße hinter dem Ort hinaustrete, sehe ich weit vor mir zwei andere Pilger. Sie kommen langsam näher, besser: Ich hole sie mit der Zeit ein. Es sind zwei deutsche Burschen aus Berlin. Der eine von ihnen, Klaus, geht schon zwei Wochen, der andere ist erst seit Burgos dabei. Sie gleichen ihren Schritt jetzt meinem an, zusammen gehen wir bis Carrión de los Condes. Dort angekommen, gehen sie in die erstbeste Bar, laden auch mich zu einem Bier ein – kühl und lecker! Henning, der erst in Burgos begann, hat große Probleme mit den Füßen. Sie wollen daher an diesem Tag nicht mehr weiter. »Für heute hast du es ja geschafft«, meint Klaus, »und wir waren schneller als wir dachten«. »Ja«, sagt Henning, »aber nur, weil sie dabei war« – und er nickt zu mir herüber …

Es ist drei Uhr, als ich beschließe, weiterzugehen. Es sieht nicht mehr nach Regen aus, die Sonne scheint hell und verlockend, ich fühle mich trotz der 20 Kilometer, die ich schon gewandert bin, noch frisch und unternehmungslustig. Der nächste Ort, Calzadilla de la Cueza, ist 22 Kilometer weiter. Die zwei Jungs schütteln den Kopf, wünschen mir aber viel Spaß bei meinem Übermut …

Am Kloster San Zoilo vorbei führt die Straße aus Carrión hinaus. Ich habe Bilder des Renaissance-Kreuzganges gesehen – es war nichts, was mich mehr verlocken würde als der Weg der nächsten Stunden. »Du bist viel zu spät dran«, meinten die Jungs aus Berlin, »du wirst in die Dunkelheit kommen, es wird wieder regnen.« Aber ich lache nur über all diese Bedenken. Endlich ist es warm genug, die Jacke auszuziehen; auf der schmalen Landstraße Richtung Villotilla wandere ich munter dahin, biege dann in einen Schotterfeldweg, schnurgerade nach Westen. Wieder geht es auf die Meseta. Weite. Kaum einmal ein Baum. »Ewig« weite Sicht. »Die Sonne ist das Ziel!« – beständig geht man direkt auf die Sonne zu … Trotz Sonnenscheins geht ein so frischer, unaufhörlicher Wind, daß es einem eher fröstelig zumute ist. Überall auf dem Weg stehen große Pfützen, ebenso auf den Wiesen und Feldern, vom Wind bewegt glänzen und glitzern sie in der Abendsonne, Frösche quaken. So viele Blumen! Farben. Fern im Norden hohe, kühl-blau-zackige Schneeberge, ein kühnes Bild gegen den Himmel, am Ende der unendlichen Weite – ob das die Picos de Europa sind? Ich weiß es nicht, aber sie sehen so schön aus. Wie hoch sie sein müssen! Ist doch auch die Meseta immerhin rund 800 Meter hoch gelegen.

Der Weg ist steinig, soweit gut zu gehen, nur kriegt man dauernd Steine in die Schuhe, aber diese auszuleeren (auch ohne den Rucksack abzusetzen) beherrsche ich inzwischen ebensogut wie die Sache mit dem Poncho. Es ist unglaublich schön, so durch den Abend zu gehen, immer auf die Sonne zu. Ich fühle mich sehr jung, sehr stark, sehr frei und unsagbar glücklich. Wie weit man sehen kann! Und jeder einzelne Baum und Busch ist etwas ganz besonderes in dieser Weite. Die Erde ist wieder rot. Überall steht das Wasser – auf vielen Äckern wieder die Bewässerungsanlagen, ein verzweigtes Rohr-Sprenger-System, das wie große Spinnen über der roten, aufgebrochenen Erde liegt. In diesem Frühjahr ist es wohl ziemlich unnötig, denke ich. Meine Arme, mein Gesicht sind kalt vom ständigen Wind, der ungehindert über das »Ohnebaumland« streicht.

Gegen sieben liegt Calzadilla de la Cueza zu meinen Füßen! Erst konnte ich nur den Friedhofsturm zwischen den Getreidefeldern aufragen sehen, einsam und markant wie einen Leuchtturm. Dann sah man auch das Dorf, klein, zusammengedrängt, als würden die Häuser in dieser Weite gegenseitige Nähe und Schutz beieinander suchen. Der Abstieg geht schnell. Drei Männer lehnen an einem der ersten Häuser, rauchend und schwatzend. Sie fragen, ob die Señorita heute abend noch nach Sahagún wolle? »No«, sage ich, »hoy Frómista – aqui«, und ich beschreibe einen großen Bogen mit der Hand, »no Sahagún hoy!« – die Männer nicken bewundernd und verständnisvoll, nein, sicher: Wer schon über 40 Kilometer gelaufen ist, kann Sahagún bis morgen warten lassen!

Den Stempel gibt's in einer netten kleinen Bar am anderen Ende des Ortes. Als ich zum Refugio zurückschlendere, kommt eben eine Schaf- und Ziegenherde heimgezogen, alles begibt sich nach Hause, zur Ruhe.

Nach einer gründlichen Wäsche mit eiskaltem Wasser gehe ich bald schlafen; ich habe ein Refugio ganz für mich alleine. Heute legte ich zum ersten Mal auf dem Camino über 40 Kilometer zurück, die letzten 22 Kilometer in nur dreieinhalb Stunden. Die dummen Jungen, denke ich, dabei war es ein so schöner, wunderschöner Marsch!

21. Unerreichbar wie die Blaue Blume

Von Calzadilla nach Calzada del Coto

Als ich gegen halb neun Calzadilla verlasse, liegt es noch ganz ruhig, wie ausgestorben, in strahlendem Sonnenschein, aber unter kaltem Wind, der den ganzen Tag anhalten wird. Die »Regenzeit« scheint vorerst vorüber zu sein – hoffentlich für länger!

Die gut 20 Kilometer bis Sahagún verlaufen entlang der großen Straße »N–120«. Zwar gibt es wie immer reichlich Blumen am Straßenrand – die Landschaft ist flach, abwechslungsreich nur durch die vielen verschiedenen Farben –, aber der Asphalt ermüdet die Füße sehr, sie schmerzen bald. Streckenweise wandere ich wie ein aufgezogener Automat, sogar ohne über etwas Bestimmtes nachzudenken, setze einfach einen Fuß vor den anderen, immer wieder, immer weiter. Daß man immer schon Kilometer weit die Straße überblicken kann, macht es nicht gerade leichter. Endlich, kurz vor Sahagún, geht ein Feldweg rechts von der Straße zur alten »Gnadenstätte Virgen del Puente«, einem aus roten Steinen gemauerten Kirchlein, das unter hohen Pappeln steht, davor eine helle, grüne Wiese – nach der Straße ein wahrhaft paradiesisches Fleckchen! Wäre das möglich, ich würde dem schmalen Feldweg am liebsten um den Hals fallen!

Sahagún begeistert mich in keiner Weise. Die Ruinen der einstmaligen Abtei des Cluny-Klosters mit ihrem großen Turm sind beeindruckend, außerdem natürlich die berühmte Kirche San Lorenzo aus dem 13. Jahrhundert. Was San Martín in Frómista für die Romanik bedeutet, ist diese große Ziegelkirche in Sahagún für den sogenannten Mudéjarstil, wie man die maurische Überformung und Verzierung der jeweiligen Baustile nennt. – Ich verlasse die Stadt bald wieder. Irgendwie fand ich immer, der Name »Sahagún« klinge verlockend, vielversprechend, aber hier ist nichts Besonderes, nicht für mich, nicht heute! Mit das Schönste ist am Stadtausgang die Bogenbrücke über den Río Cea; danach stehen hohe Pappeln auf den Uferflächen – hier soll es gewesen sein, wo die Lanzen derjenigen der Ritter Karls des Großen, die im Kampfe fielen, blühten.

In Calzada del Coto gabelt sich der Camino in die »Calzada de los Peregrinos«, die alte Römerstraße, und den »Real Camino Francés«, den »königlichen« Weg. In Mansilla de las Mulas werden beide Routen wieder zusammenkommen. Ich entscheide mich für die Römerstraße, denn in meinem Führer heißt es: ermüdend und einsam, beschwerlich, außer Calzadilla keine Ortschaften unterwegs – und genau das alles schreckt mich gar nicht ab, im Gegenteil! Il Burgo Ranero und Reliegos, die am »königlichen Weg« liegen, sind wohl keine Orte, die unbedingt wunderschön sind, entscheide ich kurzerhand.

Zehn Kilometer weiter, in Calzada del Coto gibt es eine einfache, kleine Herberge am Ortseingang, inmitten einer Wiese, auf der schwarz-weiße Kühe weiden. Ich bin knapp 30 Kilometer gelaufen, spontan wünsche ich, hier zu bleiben. Den Schlüssel zum Refugio und einen Stempel gibt es in einem Haus in der Dorfmitte, dessen helle Frontseite ganz mit wunderschönen dunkelroten Rosen berankt ist. Besorgt fragt die Frau, die mir den Schlüssel gibt, ob ich mich nicht fürchte, alleine im Refugio zu schlafen? Ich lache: Nein! Ich solle gut von innen abschließen! Ja, ja nicke ich, und bin froh, »mein Haus« mit keinem teilen zu müssen. – Wo Jörg und Viola sind? Ich weiß, daß ich sie gestern mit meinem Abendmarsch über die Meseta abgehängt habe. Vor zwei Tagen, in Frómista, schliefen Viola und

Miguel noch, als ich losging, und nur Jörg war schon wach. Wir verabschiedeten uns flüsternd voneinander: »Spätestens in Santiago!« sagte Jörg lächelnd, und beide dachten wir dabei: bis bald, bis heute abend! Noch ahne ich nicht, daß ich diese beiden jungen Menschen, die mir so lieb geworden waren, auch in Santiago nicht mehr wieder sehen werde.

Ich öffne alle Fenster weit. Vor dem Refugio steht eine Schaukel, an rostigen Ketten knarren, klappern und quietschen mehrere Schaukeln ununterbrochen im Wind. Große, farbige Wolkenberge türmen sich am Himmel wie Gebirge, die sich den Menschen zwar zeigen, um ihr Fernweh noch zu steigern, die aber für Erdenpilger unerreichbar sind wie die Blaue Blume …

22. Im Land des singenden Windes

Von Calzada nach Mansilla de las Mulas

Der Donnerstag ist recht kalt. Zwar kommt bald die Sonne, aber es pfeift ein starker Wind, Westwind, Gegenwind für Pilger, man muß sich richtig dagegen lehnen – ich beneide keinen der Radfahrer! Erst gestern traf ich kurz hinter Sahagún auf zwei Radpilger, die behaupteten, durch den ständigen Wind »auch nicht schneller als ein Fußpilger« zu sein.

Wieder ein Tag auf der Meseta: 30 Kilometer schnurgerade Wege bis zum Horizont, meist rote Kieswege. Im Laufe des Vormittags führt der Camino mich durch Calzadilla de los Hermanillos, eine Handvoll Häuser aus Lehmfachwerk. In der kleinen Kirche wird gerade eine Messe abgehalten, ich gebe mich für einige Minuten der Windstille hin, höre dem leiernden Hersagen der Liturgien zu, ziehe weiter …

Es ist ein merkwürdiges Gehen über die nichtendende Ebene, so eintönig – immer die gleiche Weite und Einsamkeit, die rote Erde, selten einmal ein Feld, dafür Blumen am Wegrand, über allem der ständige Wind, der einem die Ohren, die Sinne ganz taub macht mit seinem ewigen, eintönigen Singsang. Man wird richtig sehnsüchtig nach Menschen, es ist, als staue sich alles in einem, als müßte man reden, erzählen – an diesem Tag ist das Alleinsein fast unerträglich. Man denkt und träumt so viel an solch langem Marschtag … Wenn ich wenigstens wüßte, daß mich am Abend eine fröhliche Runde erwartet: die Brasilianer und Miguel oder Ines, Norris, Susanne – ob »diese Zeiten« jetzt endgültig vorbei sind?

Einige kleinere Bäche mit glitzerndem Wasser, Froschkonzerte, ein fliegender Storch, weiße Wolken am blauen Himmel. Im Norden und später auch vor mir im Westen ragen blaue Bergketten auf, teilweise mit Schnee bedeckt. Einige Zeit liegt linkerhand, weit in der Ebene, El Burgo Ranero mit seinem auffallenden Getreidesilo. Ich mache öfters Pausen, um zu »verschwinden« – hier muß man vor niemandem verschwinden, auch dies wird so natürlich und einfach –, auch weil meine linke Schulter heute sehr weh tut, oder einfach weil es so schön ist. Dieses Wandern in der immer gleichen Weite ist sehr ermüdend, die Wege wie mit dem Lineal gezogen bis zum Horizont, selten einmal ein kleines Hügelchen – ich fühle mich »leer«, ausgelöscht, aufgesaugt.

Bei der ehemaligen Station von Villamarcos sitze ich lange im Windschatten des Bahndamms. Einige Züge rattern vorbei, hauptsächlich Güterzüge mit vielen lustigbunten Waggons, aber viel zu laut für diese einsame Ebene unter dem Windgesang ... Am Nachmittag erblickt man Mansilla in der Ferne – es wird noch lange dauern, bis man dort ist, aber man sieht ja so endlos weit hier! Am blauen Himmel zwischen den weißen Wolken schwebt ein Raubvogel, gleitet majestätisch dahin, dann gesellt sich ihm ein zweiter Vogel zu – es scheint so selbstverständlich, daß dieser stolze Vogel einen Begleiter hat, man kann ja nicht leben in diesem Land des singenden Windes ohne einen Gefährten –, hin und wieder glänzen die Federn der großen Tiere in der Sonne auf, mit sanftem metallenem Schimmer.

Im Pilgerführer hatte ich gelesen: »Nicht mehr weit von Mansilla de las Mulas gehst du zwischen zwei Sümpfen, die heute trocken sind, hindurch: Laguna Ibera und Arroyo Grande.« Wirklich trocken ist es da heute aber noch nicht, vielleicht war es für ehemalige Sümpfe ein bißchen viel Regen in der letzten Zeit – überall glitzern kleine und große Pfützen im Sonnenlicht. Einmal steht tiefes Wasser über dem Weg. Ich wate barfuß hindurch, wandere dann ein Stück ohne Schuhe und Strümpfe weiter. Das tut sehr gut, wenn es auch langsamer geht – vor allem die Disteln sind gemein und gefährlich. Als ich dann meine Schuhe wieder angezogen habe, kann ich es nicht lassen, absichtlich und kräftig auf die Disteln zu treten, die ich sehe, und es bereitet mir, so unlogisch es ist, große Genugtuung.

Auf dem Weg nach Mansilla de las Mulas hinein sehe ich einen alten Mann, der auf einem kleinen Acker Kartoffeln legt, langsam und bedächtig, fast andächtig läßt er eine nach der anderen in die Furchen fallen – man kann sehen, daß es ihm eine heilige Arbeit ist. In einem Vorgarten an der Straße sehe ich auch Mohnblumen, es müssen Mohnblumen sein, sie sind tief dunkelviolett, fast schwarz! Der Rittersporn in den Gärten ist bereits voll erblüht.

Durch das alte Osttor zieht der Pilger in die Altstadt hinein. An einigen Stellen sind Stadtmauerreste erhalten, vor allem vom Fluß aus gut zu sehen; große Storchennester thronen auf beiden Kirchtürmen. Nach solch langem, staubigem Marschtag gibt es fast nichts Schöneres, als noch ein wenig durch einen alten Ort zu streifen und anschließend ein kühles Glas edlen Weines in einer kleinen Bar zu trinken!

Störend an dem einfachen, ruhigen Refugio ist der Alte, der mich empfing, nach Alkohol roch und auf sehr unsympathische Weise versuchte, mir die Wangen zu betätscheln, die Schultern – »No!« sagte ich, schob seine Hand energisch weg. Er gab mir dann einen Stempel, zeigte mir die Zimmer, erklärte, es seien schon zwei Deutsche da, wollte wieder nach meinem Gesicht greifen, ich wich zurück – warum nur sind nicht überall die Herbergsväter so liebe Alte wie Jesus Maria in Burgos, dachte ich seufzend. Als ich mir dann eben die Sandalen für einen »Stadtbummel« anzog, kamen »die zwei anderen Deutschen«, ältere Herren, Radfahrer aus Hessen. Sie erkundigten sich nach meinem Wohlbefinden, fragten nach den Märschen der letzten Tage, meinten dann zueinander: »Die Frauen sind stärker und zäher als die Männer!« und erklärend zu mir: »Wir haben gestern zwei Berliner getroffen, junge Kerle, der eine meinte, er sei bereits klinisch tot« – das müssen wohl Klaus und Henning gewesen sein.

Später, als ich noch auf einer Bank am Platz in der Abendsonne saß, kam wieder der Alte aus dem Refugio daher, schwatzte etwas auf mich ein, was ich nur zu einem Drittel verstand; ich tat, als verstehe ich gar nichts, verhielt mich abweisend – er sollte mich doch in Ruhe lassen! Er habe mich umhergehen sehen, meinte er, ob ich noch nicht genug gelaufen sei heute, mich nicht lieber bei ihm ausruhen wolle ... Bloß nicht, dachte ich, und den Ort darf ich mir ja wohl so lange ansehen wie ich will, oder?!

Auch als ich mich jetzt bereits in »mein« Zimmer zurückgezogen und die Türe zugemacht habe, kommt der Alte noch zweimal herein, tritt nahe ans Bett heran, will nach meinem Bein greifen, als sei ich ein Gegenstand, den zu berühren er einfach ein Recht hat – »Ne nada!« sage ich, rücke auf meinem Stockbett oben näher zur Wand. Ich will alleine sein, er soll doch verschwinden! Vor dem Fenster, das auf einen Innenhof mit einem großen Baum geht, singen und pfeifen die unermüdlichen Vögel ihr Abendkonzert.

Es war ein schöner Tag, ich weiß das, und es hat auch nichts damit zu tun, daß ich mich vor Einsamkeit und dem unerfüllten Bedürfnis des Meseta-Tages nach einem anderen Menschen in den Schlaf weine ...

Nun habe ich wirklich schon mehr als die Hälfte der Strecke hinter mir, es sind keine 400 Kilometer mehr nach Santiago!

23. Ein mildes, doch ein fremdes Licht

Von Mansilla nach Villadangos del Páramo

Gut drei Stunden wandere ich über kleine Landstraßen, Richtung Norden. Ich komme durch winzige Bauerndörfer, in denen die Hunde mich wütend verbellen und die Leute mir erstaunt nachsehen: Was will denn ein Pilger hier? Kühe werden gemolken, das Milchauto überholt mich mehrmals, einmal auch ein Müllwagen – die Männer, die darauf stehen, zeigen und rufen recht unzweideutig zu mir zurück. An den Straßenrändern häuft sich »Akazien-Schnee«, glänzend von Tau. Viele Störche, die große Weite, die ich nun schon so viele Tage erlebe, die Ungeduld, endlich zu dem Kloster zu gelangen, dessentwegen ich diesen »Umweg« mache! Schon als ich mich aus dem noch ganz ruhigen Refugio stahl, erfüllte mich ein tiefes Gefühl der Vorfreude.

Daß es Orte wie diesen gibt, ist einfach ein Wunder! Ich sitze etwas oberhalb der Kirche am Hang in der Sonne, die zwar noch kaum wärmt, aber doch wohltut. Im Licht des Mittages schimmern die Mauern der Michaelskirche gelblich, mit einem warmen Goldton, die altersgefleckten Dachziegel in mattem Rostrot. Die Südseite mit dem filigranen Arkadengang ist genau beschienen, die zehn zierlichen Säulen werfen schwarze Schatten nach hinten. Es sind die mozarabischen Hufeisenformen mit der engen Taille, die hier das Vordach tragen. Neben dem massigen, schweren Wehrturm, der romanische Züge trägt, nimmt sich das dreischiffige Kirchengebäude so leicht und anmutig aus, daß man kaum zu glauben vermag, daß es ebenfalls aus Stein gebaut ist. Man gerät ins Nachsinnen darüber, was eigentlich »Harmonie« ist, und weshalb Steine klingen und singen können. Deutlich höre ich die leise Weise bis hier herauf, dazwischen tönt es wie Rufe von unbekannten Vögeln, die, in Stein gemeißelt, hier aus dem »Physiologus« und der westgotischen Zeit überlebten …

In San Miguel de la Escalada bin ich wohl bei dem Glanzstück mozarabischer Architektur angelangt. 913 gründeten Mönche aus Córdoba hier ein Kloster, in der Tradition westgotischer Kirchen – beide Formen mischen sich im Innern, vor allem im Kapitellschmuck mit seinen Fabelwelten. Völlig einsam steht das Bauwerk in der Landschaft, der zugehörige Ort gleichen Namens ist über einen Kilometer entfernt. Schon der Grundriß besteht aus den Hufeisenformen mit der Taille: die drei Apsiden, die mittlere etwas größer als die zwei seitlichen, sind kreisrund mit schmaler Öffnung zum langgezogenen Kirchenschiff, das durch zwei Längs- und eine Querreihe von Säulenbögen unterteilt ist, auch diese in der schlüssellochartigen Hufeisenform der Säulen, die das Vordach tragen. Man meint, es könne gar keine anderen Bogenformen mehr geben, so gehäuft tritt einem hier diese Form entgegen. Das gesamte Innere ist sehr dunkel, dämmerig, durch schmucklose, hohe Fensterchen fällt nur wenig Licht, milchig abgedunkelt durch Alabasterscheiben; wie ein helles Auge leuchtet in jeder Apsis ein rechteckiges Fensterchen, sozusagen »über dem Altar« – es fehlt aber jegliches Inventar in dieser Kirche. Und das ist auch gut so, finde ich. Obwohl ich noch niemals ein islamisches Gotteshaus betreten habe, stelle ich mir dort die Atmosphäre ähnlich vor – irgendwo hatte ich etwas von »meditativer Stimmung« gelesen, und tatsächlich scheint mir das ein treffender Ausdruck für die Atmosphäre zu sein.

Als ich dann aus dem Kirchenraum wieder unter das Vordach hinaustrat, mußte ich den Schritt verhalten. Ich sah ein doppelt gerahmtes Bild vor mir: Schwarz und dunkel dicht vor mir die große, eingeschnürte Hufeisenform der Pforte, durch die ich eben gehen wollte, wenig dahinter, wenig heller drei grazile Säulen, auf ihre Blattmusterkapitelle gestützt, noch einmal, jetzt gleich zweifach, die gleiche Form des mozarabisch eingeschnürten Hufeisenbogens der Westgoten, dahinter dann, nach dem dunklen Innenraum doppelt hell, die frühlingsgrüne Weite des Landes, ein kleinerer Baum im linken Bogen, Wolken, in weiter, weiter Ferne am Horizont Schneeberge. Ich sah die Welt durch ein, durch zwei Schlüssellöcher …

Fast wie ein Schock wirkt nach der schlichten Kirche von San Miguel die Kathedrale in León. Sie umhüllt mit ihrer hohen, dunklen Gotik, sie beeindruckt mit schier unzählbaren Buntglasfenstern und Rosetten. Sie ist sogar, vermute ich, die schönste der großen Kathedralen am Jakobsweg, aber wieder fühle ich mich erschlagen, gestört vom »Rummel«, von der Museumsatmosphäre. – Ich kaufe süße, dunkelrote Herzkirschen bei einem kleinen Händler, schlendere ein bißchen durch das sonnenheiße León, kann es aber nach diesem Morgen nicht besonders schön finden. Den Besuch der Basilika San Isidoro nehme ich aber doch als Eindruck aus León mit. Eine schlichte Kirche mit einfachem Ornamentschmuckwerk. Zu dieser romanischen Basilika gehören ein großes Museum, ein Kreuzgang und das Panteón Real, in dem die Sarkophage von »elf Königen, zwölf Königinnen und dreiundzwanzig Prinzessinnen, sowie einiger Adeliger« stehen. Dieses Panteón mit seiner Deckenbemalung aus dem 11. Jahrhundert wird auch »die Sixtinische Kapelle der Romanik« genannt. Dichtstehende, wuchtige, fast unproportional niedrige Säulen tragen das bunte Gewölbe. In kräftigen Farben – vorherrschend Blau und Rostrot – bedecken apokalyptische Fresken jedes Fleckchen des Deckenraumes. Musterborten unterteilen die einzelnen Bilder, denen an vielen Stellen Texte beigefügt sind und die daher stark an Buchmalereien erinnern. Da thront Christus, der Herrscher, da stoßen apokalyptische Engel ins Horn, da sieht man Evangelisten neben Hirten und Predigern. Da kämpfen oder weiden friedlich nebeneinander Tiere mit phantastischen Zügen, da gibt es allerliebste Darstellungen der Monate und des Tierkreises mit den jeweiligen Handwerks- oder Bauerntätigkeiten, da gibt es aber auch Überraschungen, wie eine hohe Engelsgestalt in wallenden Gewändern und mit großen Flügeln, in den ausgestreckten Händen ein Buch haltend und – mit Vogelkopf unterm Heiligenschein! Es ist eine bunte, verwirrende Wunderwelt, leider darf sie nur in einer größeren Gruppe und mit Führung besichtigt werden …

Hier im Museum treffe ich auch auf das Paar, das mich morgens im Auto nach León mitgenommen hatte. Der Camino fiel für dieses Stück wieder mit der großen Nationalstraße N–120 zusammen. Es war das erste Mal, daß ich, im Auto sitzend, an Fußpilgern vorbeifuhr; es war nicht nur ein komisches Gefühl, ich hatte auch so etwas wie ein »schlechtes Gewissen«. Recht angeregt hatte ich mich mit dem älteren Paar aus Norddeutschland unterhalten. »Ich bin Professor für Kunstgeschichte«, meinte der Mann, »der Jakobsweg mit seinen Schätzen gehört zu meinen langgehegten Träumen. Im letzten Semester hielt ich eine Vorlesung: ›Massentourismus im Mittelalter am Beispiel des Pilgerweges nach Santiago‹. Jetzt haben wir uns zwei Wochen Zeit genommen und klappern mit dem Auto alles ab.« »Aber«, seufzte die Frau, »sie können sich nicht vorstellen, wie verwirrend das ist. Ich bin jeden Abend ganz erschlagen: fünf bis sechs Kirchen, Klöster, Museen täglich sind das Mindeste – wir wissen schon lange nicht mehr, was wir wo gesehen haben!« Ich nickte verständnisvoll: Schon als Fußpilgerin habe ich ja hin und wieder das Gefühl, nicht mehr alles verarbeiten zu können, was an Eindrücken auf mich einstürmt! Sie staunten darüber, daß ich zu Fuß den »Umweg« nach San Miguel de la Escalada machte: »Uns ist schon mit dem Auto mancher Abstecher zu viel!«

An dem beeindruckenden Bau von San Marcos vorbei führt der Camino auf einer langen, hohen Brücke über den Río Bernesga aus der Altstadt von León hinaus. Jetzt beginnt wieder ein Alptraum, ähnlich dem Hineingehen nach Burgos, nur noch viel länger, noch viel schlimmer. Die Kapelle Santiago ist wie ein letzter Ruhepunkt, in deren kühle Schlichtheit ich mich noch für eine Viertelstunde rette, dann heißt es endgültig: die Zähne zusammenbeißen. Es ist schon spät, ich will nur noch aus der Stadt hinaus! Ich laufe schnell, es ist heiß, der Asphalt, das Abgas, die Stadt – wirklich ein Alptraum! Ich schlage mich irgendwie durch, immer Richtung Astorga, immer Richtung Westen, klettere über Leitplanken, überquere irgendwie das Autobahnkreuz Richtung Oviedo, vorbei an Tierkadavern – an der großen Straße hat es immer so viele tote Katzen und Hunde! Manche schon halb verwest und stinkend, andere noch recht »frisch«, so wie der junge, helle, wunderschöne Hund, der in der Gegend des Autobahnkreuzes am Straßenrand liegt, die Beine merkwürdig verkehrt unter und neben sich, aus der Schnauze eine schmale dunkle Blutspur, sonst sieht er aus, als würde er nur eben schlafen – er wurde bestimmt erst heute angefahren, am liebsten möchte ich an seiner Seite niederknien und ihn streicheln. Unter einer Brücke ist der Verwesungsgestank unerträglich stark: ein großer, grauer, halbzerfetzter Hundekadaver – puh!

Ich kann Villadangos in der Ferne sehen, als ich mich links von der Straße ins Gelände schlage. Es ist kurz vor zehn, die Sonne schon am Untergehen. In der Nähe des Bahndammes suche ich mir ein ebenes Fleckchen – der Boden ist hier hart und steinig – und finde es auf einem schmalen Wiesenweg zwischen zwei Pappel-Anpflanzungen, deren junge, hochaufstrebende Bäumchen in Reih und Glied stehen. Müde und zerschlagen dehne ich mich im Schlafsack. Ab und zu rattert ein Zug wie eine Kette aus leuchtenden Perlen vorüber. Schnell wird es vollends dunkel. Ich beobachte im Westen das schwächer werdende Rotgold des Sonnenuntergangs zwischen den Pappelstämmen, dann den ersten blassen Stern, der durch die Zweige des Baumes neben mir schimmmert.

Ich schlafe ein wenig. Gegen Mitternacht erwache ich unter einem wunderbaren Sternenhimmel. Direkt über mir steht der große Wagen: »Es stehn am Firmamente die Stern in Majestät, im gleichen festen Gleise der goldne Wagen geht. Und gleich den Sternen lenket er deinen Weg durch Nacht, wirf ab, Herz, was dich kränket und was dir bange macht!« Was wissen eigentlich Menschen, die immer nur in Häusern geschlafen haben, von den wirklichen Schönheiten dieser Erde? Irgendwann steigt groß der abnehmende Mond über den Bahndamm, steht zwischen den Stämmen der Pappeln in der Farbe einer reifen Honigmelone, hängt dann leuchtend wie ein Lampion in ihren Zweigen, die ihn, zart mit ihren Blättern im leisen Winde spielend, lebendig machen, klettert dann, immer heller leuchtend, über die Bäume hinweg an den hohen Himmel, erhellt die Nacht mit seinem geheimnisvollen Licht. Ich meine, es sei Annette von Droste-Hülshoff gewesen, die den Schein des Mondes als »ein mildes, doch ein fremdes Licht« beschrieb. Eine Sternschnuppe! Ganz schnell wünsche ich … Nein, wenn man seinen Wunsch verrät, kann er sich nicht erfüllen!

24. Die einsamen Paradiese

Von Villadangos nach Astorga

In der Frühe ist der Schlafsack naß von Tau – es fällt extrem viel Tau hier, vielleicht ist daher das Land doch so grün? Außerdem ist es kalt und mich friert, so ziehe ich früh weiter …

Einmal komme ich von der Straße weg über einen der vielen Kanäle. Lange, dunkelgrüne Algen, über und über mit weißen, kleinen Blüten mit goldgelbem Mittelpunkt bewachsen – wie die Haare einer Anderssen-Meerjungfrau fließt das Grün im Wasser, geschmückt mit den Blüten, die ich im ersten Moment für Akaziensamen gehalten hatte.

In der Mittagssonne ziehe ich über die sehr lange, berühmte Puente de Órbigo, die sich mit zwölf Halbbögen wie ein Lindwurm dahinwindet, nach Hospital de Órbigo ein. Auf einer hübschen Postkarte, die ich von der Brücke erstehen kann, hat es ganz leichte, zarte Schneespuren am Flußufer entlang – fast genauso erlebe ich es, nur ist es jetzt nicht Schnee, sondern das Weiß der Akazien-Flocken – »doch weißer Blütenschnee« …

Vor der Kirche San Juan – natürlich wohnen Störche auf dem Glockenturm – sitze ich auf einer Bank in der Sonne zur Siesta, als Volker vorbeikommt, ein junger, blonder Deutscher (ich schätze ihn auf höchstens 25, später werde ich erfahren, wie sehr ich mich hiermit täusche), der mich auf deutsch anspricht. Noch weiß ich nicht, daß ich mit Volker die letzte wirklich bedeutende »Camino-

Bekanntschaft« gemacht habe, nach ihm wird es nur noch Irmtraud sein, die aber nicht als Pilgerin unterwegs ist.

Ich marschiere sehr schnell – nur immer Straße, Straße. Als Volker mich bei einer Pause einholt, meint er bewundernd: »Daß ein Mädchen so schnell laufen kann! Welcher Magnet zieht dich denn?« »Ja findest du etwa«, frage ich zurück, »daß hier an der Straße etwas zum Langsamgehen verlockt?« – In Santibañez, einem kleinen Ort ungefähr einen Kilometer von der großen Straße entfernt, stoße ich auf ein gelbes Zeichen – es gibt einen gezeichneten Weg nach San Justo de la Vega! Ein letztes Wegstück durch die einsam-stille Meseta – man kann nicht einmal die Autos hören! Hier gibt es nur Vögel, Grillen, Ginster, rote, trockene Erde, Schafe, Blumen, niedrige Eichen. In der Ferne ragen die schneebedeckten Höhenzüge der Sierra Cantábrica und der Montes de León auf. Es braucht immer wieder nur eine kleine Abweichung von den Straßen, um in solch einsame Paradiese vorzustoßen!

Einmal ein Ginster am Wegrand, so groß und stämmig – ein richtiger Ginsterbaum. Ich wußte gar nicht, daß es Ginster in dieser Höhe und Größe gibt! In Galicien wird mir das dann noch viele Male begegnen. Zur gemütlichen Essenspause spielen die Grillen mit einer lustigen Tafelmusik auf.

Vom Crucero hat man einen weiten Blick auf Astorga mit den zwei Türmen seiner Kathedrale vor den Schneebergen. Abstieg zur Straße, San Justo de la Vega, und dann noch die letzten Kilometer nach Astorga. Kurz vor der Stadt pflügt ein Bauer mit seinem Pferd – es ist fast unglaublich, was ein solches Bild ausmachen kann, wie sehr es paßt, wenn man immerzu »mit einem Fuß« in der Vergangenheit steht. – In die Stadt steigt man steil auf zur Puerta del Sol, dem Sonnentor, das es zwar nicht mehr gibt, dessen Name aber noch erhalten ist. Meine Knie sind merkwürdig zittrig, hoffentlich habe ich sie in den letzten Tagen nicht überanstrengt, auch heute waren es wieder rund 30 Kilometer; daß meine Schultern schlimmer werden, habe ich nicht anders erwartet, auch die Hände jukken jeden Tag mehr.

Volker ist im Refugio, noch zwei junge, braungebrannte Spanier, denen ich in Rabanal del Camino und in Manjarín wiederbegegnen werde. Noch aber denke ich eher an Pilger, die nicht hier sind: Jörg und Viola vor allem, Miguel, Ines ... In dem Buch, in dem die Personalien aufgenommen werden, sehe ich nach den Einträgen der letzten Tage. Nur eine Nacht vor mir steht da: Norris, Inglaterra, a pie.

Astorga, vormals »Asturica«, unter den Römern »Augusta« genannt, war zu allen Zeiten ein »Verkehrsknotenpunkt«, daher rührt die Bedeutung dieser schmucken kleinen Stadt. Sie ist ein alter Bischofssitz, dessen wirklich große Zeit mit der Wallfahrt nach Santiago begann. Nur in Burgos gab es zeitweise mehr Pilgerherbergen als in Astorga, was etwas verwundert, denn Astorga hat auch nicht annähernd die Ausmaße einer Stadt wie Burgos oder León. Hier allerdings kamen zu den Pilgern, die über die Pyrenäenpässe, Ruente la Reina, Burgos und León zogen, auch noch diejenigen dazu, die aus Südspanien gepilgert kamen, auf der »Via de la Plata«, über Sevilla, Salamanca und Zarnora, einer Römerstraße, auch »Camino Mozárabe« genannt. So scheint es kaum verwunderlich, daß gerade Astorga das größte »Museo de los Caminos« beherbergt. Der eigens für das »Museum der Pilgerwege« geplante und gebaute »Bischofspalast« wurde nie von einem Bischof bewohnt. Das kühne, märchenhafte Gebäude wurde erst Ende des letzten Jahrhunderts entworfen und 1913 fertiggestellt, trotzdem wirkt es neben der Kathedrale wie ein »altes Herzstück« dieses ungewöhnlichen Ortes.

Seltsam mutet es allerdings doch an, wenn man von Norden her die mittelalterliche Stadtmauer betrachtet, darüber aufsteigend die spätgotisch-bizarren Formen, Türme und Türmchen der Kathedrale, deren Bau aus dem 15. Jahrhundert stammt, daneben dann die »neogotischen« Formen des Palastes von Antonio Gaudí, zwar genial-verspielt, aber eben doch deutlich nachempfunden –

nicht mehr so schwerelos filigran wie die wirkliche Gotik. Vielleicht, denke ich, ist dieses Bild – die Stadtmauer, die Kathedrale und der Bischofspalast Astorgas – der harmonisch-schönste Ausdruck für das innig-enge Verflochtensein von einst und jetzt, das einem hier auf Schritt und Tritt begegnet.

Das Caminomuseum ist unwahrscheinlich vielfältig. Staunenswert und verwirrend ist allein schon das Gebäude mit seinen Buntglasfenstern, seinen unzähligen Galerien, Erkerchen, Wendeltreppen, Sälen und Zimmerchen. Hier ist nun in geballter Fülle all das zu sehen, was dem Pilger sowieso andauernd begegnet: die Symbolik des Camino – Muscheln, Wallfahrtskreuze, Pilgerbildnisse, Stab und Trinkgefäß – in den verschiedensten Ausformungen, die sie über die Jahrhunderte hinweg erfuhr. Maria, die Gottesmutter, begegnet einem hier als zarte, liebliche Peregrina, Saint Yago als Pilger, als Apostel, als Matamoros, Heilige in Scharen, Urkunden, Gemälde, Baupläne, Landkarten – die Stunden verrinnen unbemerkt.

Als ich über den großen Platz Astorgas gehe, schlägt es vom Rathausturm sieben Uhr. Im barocken Türmchen hängt über der Uhr eine große, dunkle Glocke, zu beiden Seiten stehen ein altertümlich gekleideter Herr und eine Dame im Reifrock; sie schlagen, wenn es Zeit dazu ist, gegen die Glocke. Im Osten der Stadt, gleich neben dem Refugio, im »Rosengarten«, einem kleinen Park, in dem auch Kinder spielen, Pärchen beieinander sitzen, alte Frauen hier und alte Männer dort sich laut und wichtig unterhalten, lasse ich den Tag ausklingen. Unterhalb dehnt sich das weite Land.

25. Ich auf dem Weg

Von Astorga nach Manjarín

Jetzt geht es schnell in die Berge, die Montes de León. Meist auf der kleinen Paßstraße oder auf schmalen Trampelpfaden parallel dazu. Es ist ein schönes Wandern, durch weißes und gelbes Ginsterblühen, am Wegrand hohe Orchideen, duftendes Heidekraut, einmal ein Tal nur weiß, weißer Ginster so weit man sehen kann. Die Erde erst noch rot, dann nach und nach ocker-beige-lehmfarben, steinig, grau. Im Gestein leben richtige »Fabeltiere«: halb Käfer, halb Raupe, ungefähr vier Zentimeter lang, tiefschwarz, mit dunkelroten Streifen über den spitzzulaufenden Leib.

Der Weg führt durch malerische Ortschaften mit strohgedeckten Steinhäusern, heute eine ärmliche, nahezu verlassene Gegend. Einstmals war der Rabanal-Paß eine von den Römern ausgebaute Paßstraße, auf der sie zu den reichen Gold- und Erzminen dieser Berge kamen. Später zogen Jakobspilger hier über die Berge, Dörfer mit Kirche, stattlichen Häusern und Pilgerhospitz siedelten sich längs des Camino an – noch heute fällt der gerade Verlauf der Ortschaften längs des Weges auf, es sind klassische »Camino-Dörfer«. Den Warenhandel über den Rabanal-Paß betrieben die sogenannten »Maragatos«, hohe Gestalten mit schwarzen Pluderhosen, deren Herkunft bis heute unklar geblieben ist. Sie dehnten mit der Zeit ihren Fernhandel über ganz Spanien aus, ihre strenge, fast kultische Lebensweise gab der Gegend in den León-Bergen den Namen »Maragatería«. Heute führen eine Bahnverbindung und breite Autostraßen über den niedrigeren Manzanal-Paß, der Weg über Rabanal hat schon lange seine Bedeutung verloren, das Leben hier ist hart und arm, viele Dörfer schon gänzlich ausgestorben.

In Rabanal del Camino wird noch gelebt und gearbeitet, hier gibt es auch wieder ein Refugio. Die Wirtin in der recht geräumigen Bar des Ortes berichtet, daß hier in Rabanal schon Könige logiert hätten, auch Karl der Große sei hier gewesen, einer seiner Ritter habe sogar hier, in der Templerkirche, eine Sultanstochter geehelicht! Nur sei dies alles lange her, seufzt sie, und die glänzenden Zeiten vergangen ... Die zwei jungen, kräftigen Spanier, die die letzte Nacht ebenfalls in Astorga schliefen, kommen in die Bar, als ich mich eben bei einem Glas Bier mit der Wirten unterhalte. Nachdem sie den beiden ihr Essen gebracht hat, setzt sie sich noch einmal zu mir und meint richtig erleichtert, hier seien ja nun starke Männer, denen ich mich anschließen könne, es sei doch einfach nicht gut, wenn ich so alleine ginge. Die zwei jungen Kerle sehen belustigt zu mir herüber – natürlich hat die Wirtin ihren Plan nicht gerade flüsternd vorgetragen –, ich muß ebenfalls lachen: Wie oft wurden mir nun schon Begleiter angeboten! Wenig später gehe ich weiter, selbstverständlich ebenso alleine, wie ich gekommen war, die Wirtin schüttelt den Kopf ...

Foncebadón war früher einmal ein bedeutender Ort, oft erwähnt in alten Pilgerberichten, im 10. Jahrhundert fand hier sogar ein Konzil satt, heute ist er ausgestorben, verlassen, zerfallen – nur ein streunender Hund begegnet mir. Hinter dem Ruinendorf strecke ich mich an einer alten Steinmauer zu einem kurzem Schläfchen ins Gras. Bald aber höre ich Stimmen: Eine Gruppe älterer Leute kommt daher, schnell pilgere ich weiter, will nicht zwischen diese vielen Leute geraten.

Steiler Aufstieg zum Cruz de Ferro. Ein einfaches, schlichtes Eisenkreuz auf einem hohen knorrigen Eichenstab in gut 1500 Meter Höhe, darunter ein großer Steinhaufen. Schon im Mittelalter legte hier jeder Pilger einen Stein ab, oft hatte er ihn in seinem Gepäck aus dem Heimatland mitgebracht! Dieser Brauch geht wohl auf ein uraltes Ritual zurück, dessen Ursprünge sich im Dunkel der Zeiten verlieren. Zur Römerzeit wurden solche Stätten »Hügel des Merkur« genannt; Gott Merkur sollte durch das Ablegen eines Steines als Schutzherr des Weges gnädig gestimmt werden. Für den Pilger des Mittelalters spiegelte sich sicherlich in der gefühlten Erleichterung, wenn das Gepäck um einen Stein leichter wurde, auch die Erleichterung darüber wider, den höchsten Punkt des Camino erreicht zu haben. Dieses Kreuz auf dem Steinhaufen ist das bekannteste Cruzero des Pilgerweges.

Auch ich trage ab Foncebadón einen faustgroßen Stein mit mir. Das Kreuz ist schon von weitem zu sehen und während ich zu ihm hinaufsteige, ist mir, als müßte ich alle Fragen, Bitten, alle Nöte und Zweifel, aber auch alles Glück und alle Dankbarkeit in diesen Stein »hineinsprechen«, um alles an jenem Kreuz oben »ablegen« zu können …

Kurz davor begegnet mir der Fahrer des Busses, der jene Gruppe in Foncebadón aussteigen ließ und sie nun hier am Cruzero wieder erwartet. Entschuldigend sieht der nette, junge Mann mich an: »Haben meine Leute Sie gestört? Ich sah Sie von hier oben, Sie hatten sich eben erst hingelegt …« Er fragt, wo ich angefangen habe, wie lange ich schon unterwegs sei, meint bewundernd, er fände das »stark«, daß ich den Mut habe, es alleine zu machen. Er wolle nächstes Jahr auch endlich zu Fuß den Camino gehen, ohne alte Leute und Bus. »Schade, Sie haben es dann ja schon hinter sich«, meint er, »ich suche nämlich jemanden zur Begleitung – ein so mutiges Mädchen!« Seine Bewunderung ist ehrlich, sein Gesicht offen und klar, ich sage ihm nicht, daß ich sowieso nicht mit irgendwem nur eben als Begleiterin den Camino gehen würde. »Wo werden Sie schlafen heute nacht?« fragt er. »Vielleicht draußen«, sage ich leichthin, »oder ich werde noch bis Ponferrada gehen«. »Passen Sie auf sich auf!« Das kommt ehrlich-besorgt. »Ich werde mir Mühe geben!«

Dann stehe ich am Kreuz. Ob es etwas gibt, was diesem Ort an Schlichtheit und Ergriffenheit nahe kommt? All diese Steine! Wie viel Last, welches Schicksal mag an jedem hängen?! Auch ich lege meinen Stein auf diesem Hügel ab, nachdem ich, an einen Eichenstamm gelehnt, die weite Sicht über die Berge ringsum genossen habe. Zurück nach Osten kann man Astorga erkennen und León, vorwärts im Westen dehnt sich das Becken des Bierzo, ferner im Westen die Berge von O Cebreiro, hinter denen Galicien liegt.

Zum nächsten Dorf geht es leicht abwärts. An einer »Bruchbude« steht »Albergue de Peregrinos«. Ich will vorbeigehen, da öffnet sich die Türe, ein bärtiger Mann grüßt, winkt mich heran. »Tu Casa«, sagt er, dein Haus, mit einer großzügigen Handbewegung.

Manjarín ist ein verlassenes Ruinendorf, das Refugio das einzige bewohnte Haus; es hat kein Wasser, aber eine klare Quelle weiter unterhalb im einstigen Dorf, ein Plumpsklo im Garten, unter dem abgehängten Dach einige Matratzen, ums Haus watscheln Gänse, bellt ein großer, schwarzer Hund. Der kleine Raum ist gemütlich eingerichtet, mit vielen Büchern, Karten, offener Feuerstelle, davor eine Sitzecke, Bilder und eine weiße Fahne mit dem blutroten Kreuz der Templer an den Wänden. Tomás bietet mir Kaffee an, ein anderer Mann, ein Kuhhirte aus der Gegend, kommt für eine Tasse hinzu. Morgen, erzählt er, wird er mit seinem Pferd und dem Hund die Kühe weiter Richtung Peñalba treiben. Tomás hat einen merkwürdig »scharfen« Blick, es geht etwas seltsam Starkes, Fesselndes von ihm aus, obwohl er einfach gekleidet ist und ziemlich schmutzig wirkt. Später erfahre ich, daß er der Vorsitzende der sogenannten »Templervereinigung von Ponferrada« ist. Dann kommt Irmtraud. Mit rötlichen, windzerzausten Haaren, Sommersprossen und lachendem Gesicht steht sie plötzlich im Raum, meint entschuldigend zu Tomás, sie sei draußen in der Sonne eingeschlafen. Tomás zeigt auf mich, sagt etwas zu Irmtraud, was ich nicht verstehe, sie lacht hell auf, dreht sich zu mir, mustert mich prüfend: »Er meint, ich soll dich bearbeiten, du mußt unbedingt für die Nacht hierbleiben!« »Ich wollte heute noch nach Ponferrada«, entgegne ich, ebenfalls lachend, »um morgen früh nach Peñalba aufbrechen zu können.« »Du willst nach Peñalba?« fragt Irmtraud aufhorchend. »Auf jeden Fall«, ich lache noch immer, »wichtiger als nach Santiago!« Als Tomás hört, daß ich nach Peñalba wandern will, sieht er mich fast zärtlich an. Irmtraud lacht: »Bei Tomás haben alle Pilger einen Stein im Brett, die nach Peñalba gehen; als ich zum ersten Mal hierher kam, kam ich von Peñalba – Tomás fiel mir fast um den Hals, als er das hörte. Ich hätte auch große Lust, noch einmal ins Tal des Schweigens zu gehen!« überlegt sie spontan. Zusammen sehen wir uns die Karten an. Nach einiger Zeit steht der Plan für den nächsten Tag fest: Gemeinsam mit Tomás wollen wir beide nach Peñalba gehen.

Irmtraud ist Münchnerin, hat 1988 den Camino zum ersten Mal gemacht, später noch einmal und letztes Jahr von Santiago aus rückwärts, war dann zwei Wochen als Helferin in San Juan de Ortega und jetzt für einige Zeit hier bei Tomás in Manjarín. Von ihr erfahre ich, daß die Gesellschaften der Jakobsweg-Freunde Herbergen »zulassen«. Diese werden dann auch in solche Listen aufgenommen, wie ich zu Beginn eine in Roncesvalles bekam. Teilweise werde dann auch ein Refugio ganz von einer ausländischen Vereinigung finanziert und betreut. »Erst heute war ich unten in Rabanal bei den Engländern«, berichtet Irmtraud, »und bat sie, ein Schild bei sich im Refugio aufzuhängen, daß es auch in Manjarín noch eine Herberge gebe.« »Und weshalb wird Manjarín nicht in die Listen aufgenommen?« will ich wissen. »Es wird nicht anerkannt, weil es hier kein fließend Wasser gibt und solche Sachen«, erklärt sie. – Da es so ein wunderschöner Abend ist, sitze ich noch gut eineinhalb Stunden auf der Höhe über Ort und Straße in der schwächer werdenden Sonne, umgeben nur von Fliegengesumm, Ginster, Steinen, dürrem Gras, Höhenzügen, Stille und Frieden ... am Himmel ziehen die Wolken.

Als ich zum Refugio zurückkomme, ist Volker da. Tomás stempelt die Credenciale, er hat auch einen besonderen »Templer-Stempel«, den bekommen nur wenige. Irmtraud erklärt, es sei eine ganz besondere Ehre – Volker, der schon zum zweiten Mal auf dem Camino ist, und ich erhalten ihn ... Volker berichtet, er sei im letzten Jahr mit einem Hund unterwegs gewesen. »Das war sehr schwierig, ständig gab es Probleme mit den vielen Hunden hier in Spanien. Vor allem in Galicien gibt es unzählig viele streunende Hunde.« Als Volker etwas in seinem Rucksack sucht, sind wir entsetzt über die vielen Bücher, die da zum Vorschein kommen: »Wieso schleppst du denn so viele Bücher mit?!« Er lacht: »Um nicht noch eines Tages abzuheben. Ich brauche was, das mich am Boden hält!« Zu dritt sitzen wir vor dem offenen Feuer und bereden alles Mögliche und Unmögliche durcheinander. »Was machst du eigentlich beruflich, normalerweise?« frage ich die Münchnerin. »Ich habe mir vorgenommen, in Spanien auf diese Frage nur noch zu antworten: Ich bin Pilgerin! Aber dir kann ich ja sagen, daß ich sonst Lehrerin bin.« Ich lache. »Ich habe vermutet, daß von dir irgendsoeine Antwort kommt.« »Und du?« Da habe ich die Gegenfrage. »Wieso hast du so früh im Jahr Zeit, auf dem Camino zu sein?« »Ich mache Lehr- und Wanderjahre und habe mein Studium vorübergehend an den Nagel gehängt«, gebe ich zu, »wenn du mich aber in Spanien fragst, könnte ich dir auch antworten: ›Ich, nach der Gnade Gottes ein Christenmensch, meinen Werken nach ein großer Sünder, meiner Berufung nach ein heimatloser Pilger, niedersten Standes, pilgere von Ort zu Ort ...‹« – schon nach den ersten drei Worten war Irmtraud eingefallen, gemeinsam hatten wir weitergesprochen. Volker sieht uns erstaunt an. »So beginnen die Erzählungen eines russischen Pilgers«, erklärt ihm Irmtraud. »Jetzt bist du dran«, sage ich scherzend, »wir wollen etwas hören, was du zum Unterwegssein zu sagen hast!« »So werde ich euch beiden ein indisches Mantra geben, das ich einmal in einer schweren Stunde bekam und das mir schon oft geholfen hat: Zackenberge über mir ... Drachentiefe unter mir ... Ich auf dem Weg ... Bin selbst der Weg.« Einige Zeit schweigen wir alle, dann wiederhole ich leise und sinnend: »Ich auf dem Weg ...«

In der engen Küchennische, kaum vom Hauptraum abgetrennt, schneiden wir dann alle miteinander spät noch Gemüse, kochen eine gute Suppe über dem offenen Feuer, essen erst gegen Mitternacht. Mit großem Appetit und in fröhlicher Gemeinschaft teilen wir die Suppe, das Brot und den Wein.

26. Stilleben in den Montes de León oder: Ein Stück Ewigkeit

Von Manjarín nach Peñalba de Santiago

Ein wunderhübsches, ganz hellbraunes Kalb begrüßt mich, als ich in der ersten Sonne zur Morgenwäsche an die Quelle komme. Es wird spät, bis wir aufbrechen können. Der Mittag ist herrlich klar, trotz heißer Sonne kann man sehr weit sehen.

Bis Compludo schlagen wir uns quer über die Berge durch, da Tomás partout den kürzesten Weg (Luftlinie) nehmen will. Ich bin es überhaupt nicht mehr gewohnt, in Gesellschaft zu wandern, mich anderen anzupassen!

In dieser Berggegend gibt es fast alljährlich große Waldbrände – nach kurzer Zeit schon sehen wir alle aus wie Schornsteinfeger, Ruß an den Kleidern und im Gesicht. Es ist ein anstrengendes Pilgern, durch dichtes Unterholz, teilweise mannshoch, wir kommen nur langsam vorwärts.

Während einer kurzen Pause kramt Tomás eine Dose Cola aus seinem Rucksack hervor. Nachdem er sie ausgetrunken hat, wirft er sie achtlos beiseite. Wir sehen uns vielsagend an; als wir weitergehen, packt Irmtraud die leere Dose stillschweigend in ihren Rucksack. Vom ersten Tag an fiel mir diese Achtlosigkeit im Umgang mit Müll auf. Jeder hier wirft seinen Abfall irgendwohin – und nicht einmal der »Vorsitzende der Templer« hat ein Bewußtsein für etwas wie die wilde Natur ringsum und das Wegwerfen einer Cola-Dose …

Compludo ist eines der typischen Stein-Dörfer, halbzerfallen, ärmlich, aber noch bewohnt. Hier machen wir erstmal »ewige« Siesta; zwar haben wir erst den kürzesten Teil des Weges hinter uns, aber Tomás scheint gar nicht mehr weitergehen zu wollen; mit den Dorfbewohnern und miteinander plaudern – so vergeht die Zeit ... Unter dem weiten Vordach des gegenüberliegenden Hauses hängt auf der Leine eine weiße Unterhose, zwei helle Sokken daneben, nichts weiter – ein richtiges Stillebenmotiv. Ich bemerke, daß ich noch gar nichts von der spanischen Mentalität übernommen habe, sonst würde ich mich der Ruhe hingeben, nicht an das Weitergehen denken, bei Irmtraud spüre ich das gleiche unruhige Kribbeln.

Teilweise querfeldein, teilweise auf halbzugewachsenen uralten Hirtenwegen, teilweise auf noch begangenen Pfaden wandern wir über die Berge nach Bouzas. Hin und wieder ein verlassener Ort, in dem schon alles zerfallen und überwuchert ist. Ähnlich den Ruinendörfern des Tessin, nur daß die ganze Gegend hier viel stiller und einsamer ist. Auch diese verwunschene Berggegend lebt von gelbblühendem Ginster, von niederen Eichen, von kleinen und kleinsten Blumen, dann wieder sind es nur Felsen, schwarz-verbrannte Flächen, Täler lila von Heidekraut, Hänge, schneeweiß von Ginster, üppige Heckenrosenverhaue, aber auch wild springende, eiskalte Gebirgsbäche, oder sumpfig-nasse Flächen. – Wir kommen durch ein Tal, in dessen Grund das Gras ganz hell und weich-grün ist, der Bach lustig murmelt und kullert, plätschernd Geschichten erzählt, hin und wieder steht an seinem Rand eine helle, lichte Birke, das blonde Haupt leicht zum Wasser geneigt, um die Märchen besser hören zu können. Darüber Schnee auf den fernen Bergen.

Bouzas ist wieder ein bewohntes, sehr urwüchsiges Dorf. Aber auch hier leben nur noch alte Menschen. Die Jugend dieser Orte ist lange schon in die Städte gezogen ... Es wird schattig und kühl. Noch ein letzter anstrengender Querfeldein-Aufstieg, dann stehen wir auf der Höhe über

Peñalba, zehn Uhr abends, gerade noch rechtzeitig, um die Sonne hinter den Zackenbergen untergehen zu sehen. Leider versteht Tomás unser Bedürfnis nach stillem Schauen nicht, er redet immer wieder, kramt in seinem Rucksack, knistert ... Weit unter uns die aneinandergeduckten, mit Schieferstein gedeckten Häuser von Peñalba de Santiago, die aussehen, als seien sie nur einige Steine inmitten von Ginster, Eichen und Felsen. Die nahen Höhenzüge noch dunkelgrün, braun-grau, der Ginster in der Dämmerung mit schwachem Schimmer, dahinter jeder neu aufsteigende Grat immer blau-schwärzer-dunkel, immer fern-blauer und spitzer. »Zackenberge über mir ... Drachentiefe unter mir ... Ich auf dem Weg ...« wiederhole ich sinnend Volkers Worte vom Vortag.

Erst in der Dunkelheit beginnen wir den Abstieg nach Peñalba auf der steilen, kurvenreichen Schotterstraße. Mit zitternden Knien stehen wir im dunklen Ort, reden mit den zusammengelaufenen Dorfbewohnern, kaufen eine Flasche Wein und gehen dann in die Nacht hinaus, in das Valle de Silencio, das Tal des Schweigens, unter einem immer klarer und größer werdenden Sternenhimmel, auf schmalem, in der Dunkelheit kaum noch zu erratenden Pfad.

Da Tomás nicht schweigen kann, bleiben wir Mädchen zurück, erst Irmtraud, dann auch ich. Jede von uns wandert alleine und schweigend in das stille Tal. Es geht über Bäche, durch sumpfige Wiesen und dichtes Gehölz, bis wir vor der Einsiedlerhöhle stehen – von Tomás keine Spur.

Irmtraud hat eine große, rote Friedhofskerze mitgebracht; die stellen wir in die Höhle; auf einem Tuch bereiten wir unsere »Messe« vor: die Flasche Wein, ein Stück Brot, das sich noch in meinem Rucksack fand. Irmtraud befürchtet, Tomás könne sich verlaufen haben; so geht sie ihm mit der Taschenlampe entgegen. Ich bin dankbar, dadurch für einige Zeit an diesem verwunschenen Ort in dieser wunderbaren Nacht alleine zu sein. Nicht nur die Natur ringsum, auch das Leben, die Pilgerschaft, das ewige Fragen und Suchen, alles ruht unter dem Frieden der Stunde.

Irmtraud kehrt alleine zurück. »Jetzt erlebst du noch ein richtiges Abenteuer!« meint sie, während wir weiter warten. »Glaubst du, ich hätte noch keine Abenteuer erlebt?« frage ich belustigt. »Doch«, erwidert sie überzeugt, »doch, du hast schon Abenteuer erlebt!«

»Willst du eigentlich nur nach Santiago pilgern?« fragt sie unvermittelt. »Wenn du so fragst, rechnest du wohl damit, daß ich nein sage, oder?« frage ich zurück. Irmtraud nickt. »Nein«, sage ich, »ich möchte bis Finisterre gehen. Und anschließend hoffe ich, noch etwas mehr von Galicien kennen zu lernen.« Die andere nickt, »ich konnte mir nicht vorstellen, daß du Santiago als Ziel akzeptieren würdest!«

Irgendwann begibt sich Irmtraud noch einmal auf die Suche nach Tomás. Am Schein der Lampe kann ich verfolgen, daß sie fast bis Peñalba zurückgeht. Später erscheinen sie dann beide. Er hatte hinter der Brücke auf die Mädchen gewartet, aber beide nicht vorbeigehen hören. »Hat er denn das Licht bei der Höhle nicht sehen können?« frage ich. »Doch«, erwidert Irmtraud, »aber da dachte er, es seien schon andere Leute dort; auf die Idee, daß wir das sein könnten, kam er nicht. Ich habe ihn im Schlafsack quer über dem Weg liegend gefunden«, berichtet sie.

Tief in der Nacht stehen wir in der Höhle vor dem schlichten, einfachen Altar und fassen uns an den Händen. Tomás spricht auf spanisch die Segensworte, schlägt ein Kreuz, dann teilen wir Brot und Wein miteinander – wir fühlen uns sehr einfach und sehr feierlich. Ab und zu huschen Fledermäuse durch die Höhle …

Später beginnt Tomás, der sehr verliebt scheint, mit Irmtraud zu flüstern, sie sitzt eng an ihn geschmiegt – ich will zwar allein sein, nicht aber mich einsam fühlen und die glückliche Zweisamkeit anderer mitansehen. So lege ich den Schlafsack auf den Felsen vor dem Altar, die beiden suchen sich draußen einen Schlafplatz.

Allein in der Felsenhöhle gleite ich langsam in die Traumwelt hinüber, es ist so unwirklich alles – erlebe ich das selbst? daß ich im Tal des Schweigens in einer Einsiedlerhöhle liege, daß über den Bergen die Sterne leuchten, daß ich eine Pilgerin bin, eine Peregrina, die aber gar nicht auf ein fernes Ziel zugeht, sondern weiß, daß der Weg, daß jede Stunde, daß gerade auch diese Nacht bereits »das Ziel« ist? »Unsichtbar Gott die Sterne lenkt am Zügel der Zeit. Im Schauen wird die Ewigkeit ins Menschenherz gesenkt!« Ein Stück Ewigkeit senkt sich in dieser Nacht tief und unverlierbar in mein Herz.

27. Ein blutrotes Templerkreuz oder: Der größere Widerhall

Von Peñalba nach Molinaseca

Oben vor der Höhle steht Irmtraud, eine helle Gestalt in der Morgensonne. Unten im Tal laufe ich, bleibe noch einmal stehen und winke, die helle Frau oben winkt zurück, dann gehe ich endgültig weiter, wieder alleine. – Irmtraud und Tomás waren ein bißchen erstaunt und traurig gewesen, als ich mich schon so früh wieder von ihnen trennen wollte. Gegen neun Uhr hatte ich leise die Höhle verlassen, war zum Bach hinuntergegangen, hatte ausgiebig in dem eiskalten Wasser gebadet. Fast war ich verwundert wie anders das Tal jetzt im hellen Sonnenschein wirkte, nachdem ich es nur bei Nacht in seinem Geheimnis gesehen hatte, auch jetzt ist es schön, sehr schön, aber seltsam »entzaubert«.

Der kleine Bach plätschert lustig neben mir. Ich muß lächeln, als ich mich an die Legende erinnere, die dem Tal seinen Namen gegeben haben soll: In der Höhle, in der ich schlief, lebte einst der Heilige Genadio, der auch die Kirche in Peñalba gründete, in der sich seine Grabkapelle befindet. Dieser heilige Asket fühlte sich vom »Getöse des Wildbaches«, der dicht an der Höhle vorbeistürzte, in seiner frommen Versunkenheit gestört. Im Namen des Kreuzes habe er dem Bache Schweigen geboten – dieser versikkerte gehorsam und trat erst ein ganzes Stück unterhalb der Höhle als kleine Quelle wieder zutage – Tal des Schweigens.

Ich stand, über eine Stunde später zur Höhle zurückgekehrt, den Rucksack schon geschultert, noch kurz in stillem Gebet vor dem einfachen Altar, schlug dann ein Kreuz über Stirn und Brust, wie ich es so oft schon gesehen, aber noch nie selbst getan hatte – es war einfach ein starkes Bedürfnis in mir, dem Segen, den ich verspürte, auch Ausdruck zu geben. Durch das kleine »Fenster«, ein Loch in der Höhlenwand über dem Eingang, flutete jetzt helles Morgenlicht.

Irmtraut umarmte mich fest und drückte mir einen Zettel in die Hand, meinte, das sei ihr Wunsch für mich, für die nächsten Tage und Wochen und dann besonders für alle Zeit nach dem Camino. Sie selbst sei schon zweimal in Finisterre angekommen und wisse, wie schwer dies sei! Auf das Papier hatte sie geschrieben: »Mögest Du immer die gelben Pfeile finden, die Dir den Weg zeigen, und Weggefährten, die Dir Mut und Lust machen zum Weitergehen! Mögen Umwege und scheinbare Irrwege Dich nicht enttäuschen, sondern bereichern! Möge Er, der eines jeden Weg und Ziel in uns angelegt hat und der selber Weg ist und Ziel, Deinen Weg segnen und Dich ans Ziel bringen!«

Tomás legte mir zum Abschied die Hände auf die Schultern, sagte – soweit ich es verstand –, es gäbe nicht mehr viele »wirkliche Pilger«, er sei glücklich, wieder einmal einen davon kennengelernt zu haben …

Peñalba de Santiago wirkt noch immer wie ein mittelalterliches Dorf, in dem autark gelebt werden kann – erst vor gut fünfzehn Jahren wurde die Autostraße gebaut, die seitdem Peñalba »mit der Außenwelt verbindet«. Bei den meisten Häusern befinden sich unter den Wohnräumen die Viehställe, außerdem fallen breite, überdachte Holzveranden auf, die zum Lüften und Trocknen genutzt werden, in den engen Gäßchen stehen Holzwagen. Die Dorfwege sind unbefestigt, die Hausdächer vielfach mit Steinschindeln gedeckt. Es ist ein ärmliches Dorf, rauh und einsam. So wird die berühmte Kirche diese Ortes oft auch die »Perle im rauhen Kern« genannt.

Ein niedriges Mäuerchen läuft rund um die Kirche, die von außen gar nichts Graziles hat, sondern plump und wie zusammengestaucht wirkt, ein grobbehauener Felsbrokken. Von außen verrät nur die Südseite mit dem Eingang, um was für eine Bauart es sich hier handelt: Drei schlanke Säulen bilden den Eingang, zwei »Schlüssellöcher«, durch die man in die schlichte, geheimnisvolle Welt einer weiteren mozarabischen Kirche eintritt.

An dem Beichtstuhl aus schwerem, dunklem Holz entdecke ich ein eingeschnitztes Sonnenrad. In der hufeisenförmigen, hellen Apsis leuchtet im höchsten Punkt der Decke ein blutrotes Templerkreuz.

Die dunkelhaarige Frau, die für mich die Kirche aufschloß, ist die jüngste Dorfbewohnerin, seit ihre Tochter in Ponferrada lebt. Stolz zeigt sie mir eine Postkarte, auf der ihre Tochter als zehnjähriges, etwas verlegenes Mädelchen im hellen Kleidchen im Eingang der Kirche steht. Sie scheint sehr stolz auf »ihr Amt«: den Wenigen, die sich hierher verirren, »ihre Kirche« zu zeigen.

In den nächsten Stunden umgibt mich die sonnige Ruhe und Einsamkeit der rauhen Bergwelt. Die ersten roten, fast reifen Erdbeeren am Wegesrand, immer wieder große, giftgrüne Echsen, gut 30 Zentimeter lang, die sich auf dem Weg sonnen und sich nur gemächlich davonmachen. Einmal eine kleine Maus, das Fell goldbraun schimmernd, vollführt sie gerade ein hüpfendes Tänzchen auf einem Felsen, als ich vorbeikomme, ihr Schwänzchen wippend hinter sich …

Am späten Nachmittag stehe ich vor der Templerburg von Ponferrada. Von außen sieht sie noch recht beeindrukkend aus mit zinnengekrönten, hohen Mauern, Türmen und Türmchen und vielen gemauerten Rundbögen; im Inneren ist aber fast alles zerfallen, kann man nur noch Ruinen durchstreifen.

Die Innenhöfe sind überwuchert und verwildert, hier leben Blumen, hohe Gräser, Insekten und Vögel. Einen Turm kann man noch besteigen, von oben ist aber nur

Stadt zu sehen. Schon der erste Anblick Ponferradas traf mich wie ein Schock, als ich – aus dem Tal des Schweigens und aus der einsamen Bergwelt kommend – plötzlich die große Stadt weit unter mir im grellen Sonnenlicht liegen sah. Um die Burg stehen neue, häßliche Bauten, es sind zwei Welten, die einander so absolut fremd sind, daß man zweifelt, es könnten wirklich die Erbauer und Bewohner der beiden verschiedenen Welten zur gleichen Gattung Mensch gehören. Vor allem aber grübele ich wieder einmal darüber nach, weshalb die ältere Welt, diese dürftigen Ruinenspuren aus längst versunkener Vergangenheit, einen weit größeren, tieferen Wiederhall in mir wecken als die Welt jenseits dieser Mauern, die Welt meiner Tage, meiner Zeit, meines Lebens.

Es gab die Templer schon, ehe sie als militärischer Orden im 12. Jahrhundert auch über das »Heilige Land« hinaus bekannt wurden. Sie hatten strenge Regeln und lebten »in Armut, Keuschheit und Gehorsam«. Außerdem widmeten sie sich dem Dienst an Armen, Kranken und Pilgern und schützten und verteidigten die Wallfahrer gegen Ungläubige, die so oft den Pilgern nach dem Leben trachteten. Innerhalb kürzester Zeit wurde der Templerorden zu einer regelrechten Finanzmacht. Der Herrscher Frankreichs, wo der Orden nach dem Verlust des Heiligen Landes seinen Hauptsitz hatte, klagte die Templer der Ketzerei und des Götzendienstes an. Mit päpstlicher Unterstützung gelang es ihm zu Beginn des 14. Jahrhunderts, den Orden aufzulösen – und seine Besitztümer zu konfiszieren. 1313 wurden der Ordensgroßmeister und die letzten Tempelritter öffentlich verbrannt, nachdem sie unter Foltern Götzen- und Teufelsanbetung »gestanden« hatten … Längs des Jakobsweges wurden die Ländereien und Kirchen der Templer auf andere Orden – meist die Johanniter – oder den Adel übertragen.

Unten am Fluß beginnend, gehe ich um das ganze Gebäude herum, ehe ich mich noch einmal in die verwilderten Innenhöfe der einstigen Templerburg verliere. Dann wandere ich langsam mit der Abendsonne im Rücken – urkomisches Gefühl! Ich will nach Molinaseca, da ich hoffe, die beiden Brasilianer dort zu treffen.

Zunächst aber frage ich mich beharrlich zu dem kleinen Kirchlein Santo Tomás de las Ollas durch, finde den Mann, der den Schlüssel verwaltet, im Gespräch mit anderen vor der Kirche und darf dann noch einmal ein mozarabisches Geheimnis erfahren, ähnlich stark wie morgens in Peñalba, wenn auch hier die Kirche fremd ist in ihrer drekkigen, lauten Vorstadtumgebung. Innen im Kirchenraum hat das keine Bedeutung mehr, nur noch das Überwältigende, die Harmonie der Schlichtheit, der einfachen, immer wiederkehrenden und mir inzwischen schon vertrauten Grundformen. Eine ovale Apsis, neun Hufeisenbögen, ein einfacher Tisch mit weißem Tuch als Altar, ein Kruzifix, wenig Licht aus hohen, winzigen Fensterchen, grobe Steinmauern, kein Putz, nichts, schwere quadratische Granitpfeiler, auf denen die Bögen stehen, ein Teppich vor dem Altar, ein großer Strauß frischer Blumen, zwei Kerzen – nichts Störendes. Man beachtet dies sowieso nicht, sieht und fühlt nur diese eingeschnürten Hufeisenbögen, hier gleich neunmal im Oval um einen herum. Der gebeugte Mann mit dem Schlüssel in der Hand steht still und abwartend an der Tür im Schatten, stört meine Ergriffenheit nicht …

28. Ein kühler Trunk

Von Molinaseca nach Villafranca del Bierzo

In Ponferrada herrscht nun am Vormittag reges Treiben; ich lasse die Templerburg Templerburg sein, denn da ist jetzt der Andrang groß. Ich »schummle« mich ein wenig unentschlossen aus Ponferrada hinaus, trinke Kaffee in drei verschiedenen Bars, schwatze einige Zeit mit der netten Verkäuferin in einem kleinen Supermercado, in dem ich noch zwei Äpfel kaufe. Es ist sehr heiß, ich weiß noch nicht, was ich tun werde, jedenfalls nicht in Villafranca übernachten!

Als ich gestern spät am Refugio in Molinaseca ankam, fand ich leider nicht Jörg und Viola vor, auch sonst niemanden, den ich kannte, dafür war ich in eine furchtbar volle »Etappe« geraten – rund 30 Leute! Ich bekam das letzte überhaupt noch freie Bett zugewiesen.

Als ich in den Schlafraum hereinkam, fragte eine ältere Frau ganz entsetzt, ob ich denn alleine unterwegs sei? Ja, erwiderte ich, mit der Zeit ist mir diese Frage schon mehr als lästig geworden! Darauf meinte eine jüngere Frau trotzig: »Ich wollte auch alleine gehen, aber meine Mutter hatte Angst um mich und ließ das nicht zu – so kam sie halt mit!« Marianne ist über dreißig, arbeitet als Lehrerin und wohnt schon lange nicht mehr zu Hause; der Umgangston der beiden ist aber, das werde ich noch feststellen, so, als käme eine nicht fünf Minuten ohne die andere aus und könnte kein Erlebnis ertragen, ohne die Äußerung:

»Mama, schau doch mal da!« oder »Marianne, hast du das gesehen!« oder entsteht dies ganz automatisch, wenn man auf den Camino mit seiner Mutter geht?

Ebenso eine Ausnahme wie Mutter und Tochter aus Norddeutschland sind Stefan und Marion, ein kanadisches Geschwisterpaar; die beiden sind die jüngsten, die mir auf dem Camino begegnen. Marion ist achtzehn, war ein Jahr als Au-pair-Mädchen in Spanien und beherrscht also die Landessprache recht gut, reißt die Augen beim Erzählen ständig weit auf und wirft den Kopf nach hinten; Stefan ist einundzwanzig und extra »eingeflogen«, um seine kleine Schwester zu begleiten, er wirkt aber unsicherer als diese, übertönt das durch laute Lustigkeit, durch gespielte »Männlichkeit«, wozu auch sein kleines Bärtchen gut paßt. Die beiden bemächtigten sich meiner sofort, stellten hundert Fragen und waren entsetzt, als sie hörten, daß ich bereits in Ponferrada war und wo ich mich die letzten zwei Tage rumgetrieben hatte: »Wieviel bist du denn dann umsonst gelaufen?« Ich bemühte mich nicht, ihnen zu erklären, daß es kein Wegstück gibt, das man »umsonst« machen kann, wer auf dem Camino unterwegs ist, muß das selbst wissen. Aber Stefan und Marion hatten vor ihrer Wanderschaft die Kilometer und Tage genau berechnet und den Rückflug nach Kanada so gebucht, daß sie noch einen ganzen Tag für Santiago haben würden. »Wir haben nicht mal Zeit, zwei Kilometer rechts oder links vom Weg abzugehen!« Ob sie denn dann nicht lieber am Weg alles Schöne mitnehmen wollten und eben nicht bis Santiago kommen? fragte ich sie, oder eben das letzte Stück dann mit einem Bus fahren? Nein! Die beiden sahen mich entsetzt an, die Hauptsache sei doch, Santiago zu erreichen, der Weg bis dahin sei ihnen sowieso nicht so wichtig. Aber man müsse ihn ganz laufen, sonst gelte es ja nicht.

Auch ein Brasilianer, Marco, war da, ein Kerl mit strahlend-herzlicher Art, gut aussehend, kräftig, braungebrannt, mit schwarzen Locken und einem Lachen, bei dem man einfach mitlachen mußte. Auf meine Frage erzählte er, er habe Jörg und Viola vor fünf Tagen in El Burgo Ranero getroffen.

Alle gemeinsam kochten wir Knoblauchsuppe, dazu gab es natürlich Brot und Wein. Ich wußte, daß mir eine enge, volle Nacht bevorstand, so wollte ich wenigstens vorher noch das Schöne an Refugio und vielen Leuten nutzen: das gemeinsame Essen in großer Runde, die Gespräche in allen Sprachen durcheinander ... Eine junge Spanierin sang. Sie saß am Tisch, einfach und müde, wie die anderen auch, ihre dunklen Locken mühsam aus der Stirn gehalten, mit riesigen schwarzen Augen – und einer sagenhaften Stimme! Noch selten habe ich eine Frau mit solcher Kraft singen hören. Auch die Kanadier mußten noch singen, Marco, ich. Es wurde nach Mitternacht, bis ich mit den allerletzten in meinen Schlafsack kroch.

Es wurde dann tatsächlich eine schrecklich dämpfig-schwüle Nacht und ein einziges Geschnarche und Gestöhne und Geseufze rundum – furchtbar! Ich lag viel wach, sehnte mich nach der Stille und Einsamkeit der Berge zurück und fragte mich, ob es die Abende in gemütlicher, anregender Runde wert seien, einen solch hohen Preis dafür zu zahlen. Weshalb denn kam ich hierher? Ich wollte die Brasilianer wieder sehen, ja, und Miguel, den Spanier, der seit Burgos und Frómista dazugehört hatte zu unserer Runde. Wer konnte denn ahnen, daß hier so viele Pilger auf einem Haufen hocken würden, wie ich sie auf dem ganzen Camino zusammen noch nicht getroffen hatte?! Heute nacht nun werden sie alle in Villafranca del Bierzo schlafen, und morgen in O Cebreiro ...

Cacabelos ist ein schöner Ort mit schmalen Gässchen, mit bunten Blumen überall auf den Fensterbrettern. Nahe der kleinen Kapelle der heiligen Pilger, San Roque, findet sich ein Haus, dessen breite, weißgetünchte Frontmauer von Rosenranken überwachsen ist – Rosen in allen Farben, vor dem Haus an der Straße stehen hohe Rosenstöcke in großen Kübeln – das duftet und strahlt, daß ich denken muß: ein kühler Trunk nach staubigem Weg.

Im nächsten kleinen Dorf, Pieros, komme ich mit einer älteren Frau ins Gespräch, die gerade im Garten arbeitet, wir schwatzen ein bißchen, meine leere Wasserflasche wird aufgefüllt, dann werde ich noch zu einer Tasse Kaffe in die Wohnung gebeten.

Die Frau zeigt mir den Weg zu einer Festungsausgrabungsstätte am Berg oberhalb der Straße. Durch Weinberge, Ginster und Kiefernwäldchen steige ich über rote Erde bergauf. Von einer Festung ist zwar noch nicht viel zu sehen, aber auf einer bereits gemähten Wiese setze ich mich in duftendes Heu, nahe an einer niedrigen Kiefernschonung. Hier veranstalte ich nun erstmal ein Freßgelage, bin doch sehr hungrig inzwischen; es ist so still und friedlich, daß ich beschließe, hier zu bleiben. Ich freue mich darauf, meinen Schlafsack später einfach hier in das duftende, frischgeschnittene Gras zu legen. Ich sehe nach den ziehenden Wolken – wie gut, daß ich dies einsame Plätzchen gefunden habe.

Plötzlicher Motorenlärm schreckt mich unsanft aus meinen Träumen: von der anderen Seite des Kiefernwäldchens kommt ein Auto gefahren. Es gibt also einen Fahrweg hierher! Ein jüngerer Mann hält unter den letzten Kiefern, offensichtlich will er nur eine kleine Ruhepause hier oben machen, er räkelt sich bei offener Autotüre und Radiomusik auf dem Sitz, die Arme hinter dem Kopf verschränkt, und sieht zu mir herüber mit solchen Blicken, daß ich nach einer Weile doch lieber zusammenpacke – hier werde ich nicht schlafen!

Es windet jetzt immer stärker, dunkel-drohende Regenwolken ziehen im Westen auf, die Sonne verschwindet, es wird kühl. Als ich nun an der Straße entlang nach Villafranca gehe, es immer stärker nach Regen aussieht, ich mich so dreckig, so müde, so »sehnsüchtig« fühle, da beschließe ich, mir in Villafranca noch einmal ein billiges Zimmer zu nehmen, heiß zu duschen, meine Wäsche zu waschen, in einem richtigen Bett zu schlafen, sauber, ruhig und alleine.

Gegen sieben Uhr habe ich nach einigem Fragen gefunden, was ich gesucht hatte: einen uralten, großen Bau, eine »noch ältere« Wirtin mit großem Schlüsselbund, knarrende Treppen und hohe Flure, große Zimmer mit verschnörkelten Spiegelschränken und riesigen, dunklen Holzdoppelbetten. Ein Waschbecken mit kaltem Wasser im Zimmer, Klo und Dusche über endlose Flure, alles uralt, wie in einer längst vergessenen Geschichte. »A mañana!«, »Buenas noches!« – dann bin ich allein.

Ich genieße alles, was ich jetzt tue: zunächst einmal heiß und mit Seife duschen und mich von Kopf bis Fuß abschrubben – schwarz-braune Brühe läuft von meinen Beinen –; selbst mit dem schönsten kalten Wasser wird man nicht richtig sauber. Seit ich durch die letztjährigen Brandgebiete in den Montes de León gestreift war, hatte es keine Gelegenheit gegeben, sich richtig mit warmem Wasser zu säubern. Dann kommt die große Wäsche: Rock und Hemd, Unterwäsche, Handtuch, Strümpfe, Trainingsanzug, Waschbeutel, Taschentuch – alles wird in der Duschwanne gewaschen: Was das am Ende für eine Dreckbrühe ist!

Das Fenster hinter dem Vorhang weit offen, gehe ich schlafen, Autos und Störcheklappern hört man herein, langsam wird es dämmerig; ich liege in dem großen, schweren Bett zwischen duftenden, kühlen Laken, bin sauber am ganzen Körper … »Pfui, wie spießig!« sage ich zu mir selbst, während ich mich wohlig räkele; »ach sei doch ruhig!« entgegne ich mir, »jetzt bin ich fast vier Wochen unterwegs, außerdem beginnt heute ein neuer Monat – sollen doch alle von gestern sich im Refugio drängeln: Ich jedenfalls bin glücklich!«

Nachts wandere ich über die knarrenden Flure zum Klo – bin fast entäuscht, daß mir kein wehklagendes Gespenst begegnet, den Kopf unterm Arm … Ich liege noch einige Zeit wach, horche auf die vielen Geräusche des alten Hauses.

29. Das Tor der Vergebung

Villafranca del Bierzo

In Villafranca del Bierzo fühle ich mich ausgesprochen wohl. Es ist zwar ein merkwürdiges Gefühl, einen ganzen Tag lang nicht zu laufen, aber schon am letzten Abend hatte ich spontan beschlossen, hier einen Ruhetag einzulegen. – Die kleine Stadt, eine Frankengründung aus dem 11. Jahrhundert, birgt fünf große Kirchen und eine Burg, daneben stattliche Herrenhäuser, Kapellen, mehrere hübsche Plätze und schmale Gäßchen. Mindestens sechs Pilgerherbergen soll es in Villafranca gegeben haben. Der Ort, eher im Tal liegend, hat einige Hügel und Erhebungen, von denen aus sich ein weiter Blick in die Runde öffnet. Das Bierzo ist ein fruchtbares, grünes Becken, schützend umgeben von hohen Gebirgen.

Ich bleibe recht lange auf dem höchsten Hügel über der Stadt, den die Franziskus-Kirche krönt. In dieser großen Kirche, angeblich vom heiligen Franziskus selbst gegründet, entdecke ich ein Schwalbennest über dem Hochaltar, eifrig fliegen die Schwalbeneltern ein und aus. Zwischendurch scheint etwas die Sonne, und die Landschaft ist nicht mehr ganz so trüb und regenverhangen. Jetzt kann ich verstehen, weshalb dieser grüne Landstrich den Pilgern immer als Vorgeschmack auf Galicien erschien. Hinter den Bergen im Westen liegt das grüne, sagenhafte, fruchtbare Galicien, Galicia, das keltische Land der Sehnsucht und der Pilgerträume …

Später am Nachmittag habe ich noch ein lustiges Erlebnis in Villafranca. Einige Zeit sitze ich auf einer Bank am kleinen Platz unterhalb der Nikolai-Kirche, auf dem ein Springbrunnen plätschert, einige kugelrund beschnittene Rubinienbäumchen stehen, dunkelrote Rosenbüsche, einige Bänke, umgeben von uralt wirkenden Häusern. Auf allen Bänken sitzen ältere Leute, schwatzen, dösen vor sich hin … Aus einem Haus kommt eine korpulente, energische Frau, steigt in ein Auto, fährt los, vorwärts, rückwärts – bumms! Sie fuhr etwas zu energisch und eilig, erwischte einen großen Stein mit dem Hinterteil des Autos, Kratzer und Beulen. Jetzt rennt ein Mann aus dem Haus, vermutlich der Ehemann der Fahrerin, die eben aussteigt; wild gestikulierend, fuchtelnd und schreiend fallen die beiden über einander her, andere kommen dazu, alle, die vorher nur rumsaßen, geben laut ihre Meinung zum besten, rennen um das Auto, befühlen, begucken – es ist eine einzige wilde Aufregung, an mehreren Stellen gehen sowohl Männer als auch Frauen bereits mit den Fäusten aufeinander los. Ich sitze sprachlos in all diesem plötzlichen Trubel – da, mit einem Mal und noch unerwartet-plötzlicher als all der Lärm begann, fangen die Fahrerin und ihr Mann an, laut und herzlich zu lachen, umarmen sich mehrmals – und alle anderen fallen ein, lachen laut und ausgelassen. Verwirrt sehe ich mich um: eben noch wogendes Gekeife und Gezetere, Faustschläge und Geschrei, jetzt Gelächter und Umarmungen auf dem ganzen Platz. Neben mir auf der Bank sitzt ein alter Mann, auf seinen Stock gestützt war er zuvor aufgestanden, hatte die Faust drohend geschüttelt und vor sich hin wilde und erregte Worte gebrummt, jetzt sitzt er da und hält sich den Bauch vor Lachen. Die Frau, die all diese Aufregung ausgelöst hatte, steigt lachend ins Auto, hupt mehrmals und braust davon. Nach und nach leert sich der Platz wieder. Ich schüttele den Kopf, denke: fremde Länder, fremde Sitten!

Abends kauere ich auf dem Friedhof oberhalb der Santiago-Kirche, unter einem hohen Lebensbaum, auf den

Stufen eines Grabes von 1918. Von hier aus ist nur das Dach der Santiago-Kirche zu sehen, dahinter die obersten Spitzen der Türme der Sankt-Franziskus-Kirche, nichts sonst vom Ort. Ringsum nur die Berge, grün, dunkel und ginster-gelb …

Die schlichte romanisch-kompakte Santiago-Kirche ist die schönste Kirche des Ortes, finde ich, zugleich aber auch die bekannteste und bedeutendste. In erster Linie ist es wohl dieses kleine Kirchlein, das Villafranca del Bierzo seine eigene, fast heilige Bedeutung gab. Das Nordportal der Kirche heißt »Puerta del Pardón«, das Tor der Vergebung. Pilger, die aus gesundheitlichen Gründen den Strapazen der restlichen 200 Kilometer Wallfahrtsstrecke nicht mehr gewachsen waren, erhielten in dieser Kirche bereits die volle Absolution, so wie in der Kathedrale von Santiago.

Während es kühl und fröstelig wird, die Steine des Giebeltürmchens der Santiago-Kirche einen ockerfarbenen Schimmer in der Abendsonne bekommen und die dunklen Dachschindeln immer wärmer glänzen, spinne ich mich in »Camino-Gedanken« ein. Es sind die Fragen nach Schuld und Vergebung, nach Gnade und auch nach dem Weg, dem Ziel hinter den Bergen im Westen. Was dieser Weg wohl für die mittelalterlichen Pilger bedeutete, für die, die glaubten – wirklich glaubten! –, sie würden am Ende des Weges in Santiago, oder eben hier in Villafranca, durch das Tor der Vergebung gehen und von all ihrer Schuld frei werden? Hat ihnen der Weg an sich etwas bedeutet, oder sahen sie nur das Ziel und nahmen den Weg dorthin als notwendiges Übel in Kauf, als Leiden und Qual, die nötig waren, um Absolution zu erlangen? Ich würde so gerne einmal mit einem der mittelalterlichen Pilger sprechen, genau das würde ich ihn fragen! Die zwei, drei »nachempfundenen« Berichte und Erzählungen über »Mittelalter-Pilger«, die ich kenne, berichten so viel von den Mühen und Gefahren des Weges, von all den Entbehrungen, den Qualen, der Sehnsucht, endlich Santiago zu erreichen. Es wird nichts gesagt von den Blumen am Wegrand, von den Sternen in klaren Nächten, von einem frischen Brunnen, einer netten Begegnung. – Es ist überhaupt merkwürdig, grübele ich weiter, wie einen hier dieses Ziel vereinnahmt. Ich bin doch schon so oft unterwegs gewesen, zu Fuß oder auch anders, ohne ein solches Ziel zu haben, einfach nur, um eine Gegend kennenzulernen, sie zu erwandern. Noch niemals wurden Tage, Wochen, Erlebnisse, Tagesmärsche, Schlafplätze, Begegnungen, Kameradschaften so sehr von einem fast unheimlichen Sog auf ein fernes Ziel hin bestimmt. Hier wird alles an »Santiago« gemessen, nicht an der realen Stadt in Galicien, nein – längst bin ich mir sicher, daß es sich bei »Santiago« mehr um eine Art Zustand handelt, einen Ausdruck für etwas Unbestimmtes, sehnsuchtsvoll Lockendes, Unbekanntes, das Menschen bewegt, sich aufzumachen, sich auf den Weg zu begeben. – Ich glaube auch nicht wirklich, daß das Auf-dem-Weg-sein etwas spezifisch Mittelalterlich-Christliches ist, sondern daß all diese Wege viel älter sind. In Menschen die Sehnsucht nach einem unbekannten Ziel zu wecken und sie dadurch dahin zu bringen, loszugehen, sich auf den Weg zu machen, das ist wohl ein uraltes Geheimnis, uns nur eben vom Mittelalter her im Gewand katholischer Reliquienwallfahrt am vertrautesten. Etwas anderes wäre der Gral, der so viele als Ziel lockte, nicht zuletzt einen Parzival, oder des Wandervogels Blaue Blume – Santiago de Compostela, der Gral und die Gralsburg, die Blaue Blume, dies alles scheint in der Wurzel ähnlich, vielleicht sogar letztlich das Gleiche zu sein: ein Grund, sich aufzumachen, im letzten nach dem zu suchen, was wir »Gott« nennen, denn Gott ist das tiefste Ziel aller Sehnsucht, der letzte Weg, das eine letzte große Ziel, so wie sich in jedem dieser Wege immer wieder der Gedanke des Lebens als Erdenpilgerschaft spiegelt. Letztlich ist Santiago und der Camino ja nichts anderes als das verlorene Paradies und die Lebenszeit auf der Erde dorthin zurück. Und das ist noch nicht alles, denn so wie es von Gott heißt, er habe die Menschen »zuerst geliebt«, so ist dieses Sehnen und Sehnsuchtwecken etwas Gegenseitiges. Ich erinnere mich an einige Worte, die ich in Manjarín im Pilgerbuch gelesen, aber noch nicht so recht verstanden hatte: »Irgendwann einmal hatte Santiago Sehnsucht nach uns. Da sind wir ihm entgegengegangen …«

Die Sonne verschwindet schon langsam hinter den Bergen, als ich, mich mühsam losreißend, durchfroren zur Kirche hinunterstolpere. Auf dem Platz zwischen der Santiago-Kirche und der Burg steht eine Art großes Zelt – ein echt originelles Refugio! Als ich hereinkomme, wer steht da und sieht mich in seiner typischen, brummigen Art lachend an: Miguel! Wie ich mich freue, ihn zu sehen! Und er freut sich offensichtlich auch. Als ich ihn allerdings nach Jörg und Viola frage, erklärt er bedauernd, er habe sie vor fünf Tagen in El Burgo Ranero zuletzt gesehen, wo sie schon zwei Tage gewesen seien, Viola habe wieder größere Probleme mit ihrem Knie gehabt – wie schade!

Jesus, der Herbergsvater, und seine Frau, begrüßen mich warm und herzlich. In meinem Credencial entdekken sie die Stempel vom Monasterio San Miguel de la Escalada, von Peñalba und reagieren hocherfreut. Es zeigt sich, daß Jesus ein Liebhaber der mozarabischen Kirchen ist und – ähnlich wie Tomás in Manjarín – jeden Pilger gleich besonders ins Herz schließt, der diese nicht einfach links liegen läßt, sondern dafür auch mal einen »Umweg« macht. Er fragt mich, ob ich auch die kleine Kirche Santo Tomás de las Ollas nördlich von Ponferrada gesehen hätte, das sei das Vollkommenste, was er kenne – und er verdreht genießerisch die Augen … Miguel brummt nur irgendwas, als er von meinem Ausflug nach Miguel de la Escalada hört, legt mir einen Augenblick fest den Arm um die Schultern und grummelt etwas von wegen seiner Kirche, da sie ja seinen Namen habe und er auch schon dort gewesen sei – bei dem Gedanken, daß ich mir Miguel gut als langen, brummigen Mönch in Escalada vorstellen könnte, muß ich laut lachen …

Ich entdecke eine Gitarre und verziehe mich mit ihr in die dämmerige Nische (ein mit Plastikfolie abgetrenntes »Zimmer«), in der ich schlafen will, stimme sie und singe …

Später kommt Miguel und bittet mich, noch weiter zu singen; er schläft sozusagen neben mir, nur durch eine Plastikfolienwand getrennt. Ich singe nun nicht mehr nur für mich selbst, sondern auch für die Männer, die in dieser Nacht da sind, besonders für Miguel. Ich bin so froh, ihn wieder getroffen zu haben.

30. Galicia oder: Der Gralsberg

Von Villafranca nach O Cebreiro

Um halb acht werden alle durch Musik geweckt: gregorianische Liturgie-Gesänge, zwar auf Kassette, aber schön! Wohlig im Schlafsack liegend, genieße ich die Musik noch einige Minuten, ehe ich wie alle anderen aufstehe; als Miguel an mir vorbeigeht, streicht er mir mit einem brummigen »Guten Morgen!« kurz übers Haar, wie einem Kind. Für alle ist schon der Kaffee gerichtet.

Nachts hatte es stark geregnet und auf die Plastikfolien getrommelt, auch der Morgen ist bedeckt und feucht-kalt. So geht es hinaus aus Villafranca, zunächst meist an der Straße entlang. Kurz vor Pereje (einem wunderhübschen Ort) fahren sechs junge Radfahrer nacheinander winkend und rufend auf der anderen Straßenseite an mir vorbei. »Du läufst aber flott!« ruft die eine bewundernd, »na ja«, rufe ich zurück, »Straße verlockt ja auch nicht zum langsamen Genießen!« Diese sechs werde ich in Santiago wiedersehen wie so viele andere auch. Sie sind im vierten Jahr auf dem Camino: jeden Sommer zwei Wochen und 200 Kilometer.

Erst als ich in Trabadelo ankomme, regnet es wieder richtig, in einer kleinen Bar warte ich fast eineinhalb Stunden den Regen ab. Immer wieder führt der Weg über den Río Valcarce. Am frühen Nachmittag mache ich auf einer hübschen Wiese eine gemütliche Essenspause, dann geht es weiter: Auf nach Galicien!

Inzwischen ist es soweit Sommer geworden, die ersten Wiesen werden gemäht – wie das duftet! Der Holunder blüht, aufrechte, hohe Königskerzen; und immer steiler aufwärts geht es, auf kleinen Landstraßen zuerst, dann vollends auf Feldwegen, durch kleine, armselige Dörfer. Mitten zwischen Ginster, Eichen und Blumen am einsamen Feld-Bergpfad ein großer, grauer Steinblock, bunt mit Wappen und Camino-Zeichen geschmückt und groß darauf geschrieben: Galicia. Ich stehe etwas unentschlossen und schweigend davor: soll ich mich freuen oder nicht? Jetzt bin ich in Galicien. Und die Zahlen, die von nun an alle halbe Kilometer auf Wegsteinen stehen, zählen die Kilometer bis Santiago: 152; 151,5; 151. Eigentlich finde ich es richtig schrecklich, daß man nun so auf Schritt und Tritt daran erinnert wird, wie schnell »das Ziel« näher rückt. Ich weiß selbst nicht, ob ich wirklich schon in einigen Tagen dort sein möchte!

Miguel hatte sich auf O Cebreiro gefreut. Am Abend zuvor legte er eine Hand warm und fest auf mein Knie und meinte begeistert, morgen seien wir endlich in Galicien! Langsam drücke ich den Saft aus einer Zitrone in meine Wasserflasche. Die Zitrone hat Miguel mir geschenkt: für den Aufstieg nach O Cebreiro! Während ich genüßlich den herben Saft trinke, versuche ich wieder einmal, mir darüber klar zu werden, weshalb ich mich eigentlich so uneins mit mir selbst verhalte. Natürlich möchte ich nach Santiago kommen, nach Finisterre – aber ich will auch nicht. Eigentlich möchte ich die Ankunft dort noch lange, lange hinauszögern, und zugleich gehe ich immer schneller darauf zu, lasse ich mich mitreißen von dieser Sucht – denn es ist regelrecht zu einem Suchtgedanken geworden, nach Santiago zu kommen! Kaum kann ich mich noch an den Abend in Roncesvalles erinnern, als Wochen und Kilometer vor mir lagen wie ein buntes, verwirrendes Band, unübersehbar, schier endlos, voller Überraschungen und Ungewißheiten – und nun, nun habe ich das Band schon fast aufgerollt. Galicien. Wie ein Traum hört dieses Wort sich an, wie eine Verheißung – und zugleich wie das Ende aller Träume. Ach, ich weiß wirklich nicht, ob mir mehr zum Lachen oder zum Weinen zumute ist!

Dann wieder muß ich an die Burgruine denken, die sich so scharf umrissen und dunkel gegen den lichtblauen Himmel abgehoben hatte, als ich vorhin auf der Wiese saß, um zu vespern inmitten von Butterblumen und Fliegengesumm. Ich hatte nur den Blick zu heben brauchen, da stand auf der Höhe gegenüber diese Ruine, ein Schattenriß der Vergangenheit, des einmal Geschaffenen und Vergänglichen vor dem Strahlen des immer neuen, uralten Himmels.

Auch zur Einstimmung auf Galicien begrüßen mich Hunde mit wütendem Gebell. Ich habe mich inzwischen daran gewöhnt, daß die Hunde entlang des Camino den Pilgern eher feindlich als freundlich begegnen ... Dann sind Kühe auf dem Weg in ihren Stall – eine wilde Lust dazubleiben, zu melken überkommt mich, überhaupt nie mehr weitergehen zu müssen, sondern mir ein Kopftuch umzubinden, nach Eimer und Melkschemel zu greifen und die Wärme und Ruhe dieser starken Tiere zu spüren.

Über rötliche Feldwege unter stattlichen Kastanienbäumen gehe ich weiter – und es ist vielleicht das erste Mal auf dem Camino, daß ich es nicht als Weitergehendürfen, sondern als Weitergehenmüssen empfinde, als Zwang, aus dem ich mich nie wieder werde lösen können.

Es ist Abend, als ich nach O Cebreiro komme, in das uralte Keltendorf in 1300 Meter Höhe, ein Ort voller Legenden. Die romanische, schlichte Kirche aus grauen Steinen auf dem »Galicischen Gralsberg«, die runden, strohgedeckten Keltenhäuser, ebenfalls aus grauen Steinen (sogenannten Pallozas) – eines ein Museum heute, zwei waren bis 1992 Refugios (darauf hatte ich mich gefreut!), aber rechtzeitig zum Heiligen Jahr 1993 baute man, etwas ab vom alten Ort, ein neues Refugio.

Den Stempel gibt es im Meson neben der Kirche bei einer herzlichen, gemütlichen Wirtin. Er zeigt natürlich den Gral Galiciens: den romanischen Kelch, der noch heute als Reliquie in O Cebreiro aufbewahrt wird. Damit hat es folgende Bewandtnis: Anfang des 14. Jahrhunderts stieg ein Bauer trotz heftigen Schneetreibens den Berg nach O Cebreiro hinauf, um die Messe zu hören und das Mahl des Herrn zu empfangen. Der Priester – selbst nicht gerade überzeugt von seinem Glauben – war über diese Ruhestörung eher ungehalten und zelebrierte die Messe »ohne innere Beteiligung«. Doch nun geschah ein Wunder: Unter den Händen des Geistlichen und vor den Augen des Bauern verwandelten sich Hostie und Wein in echtes Fleisch und Blut. So erhielt O Cebreiro einen »Gralskelch« und wurde vorübergehend zum Ziel von Wallfahrten. Durch die Jakobspilger gelangte der Wunderbericht nach ganz Europa und soll sogar Richard Wagner zu seinem Parsifal inspiriert haben.

Ringsum die Bergwelt, ein Höhenzug hinter dem anderen aufsteigend, der Ort mit seiner besonderen Ausstrahlung, den seltsam zeltartigen, spitzen Steinhäuschen mit den Reetdächern, alles zusammen läßt in einem ein merkwürdiges, ganz unwirkliches Gefühl entstehen. Es geht ein kühler Wind. Ich sitze lange in der schlichten, düsteren romanischen Kirche, die Maria, der Königin, geweiht ist. Lange, lange sitze ich da, betend und einfach nur ganz still. Gott ist sehr nahe in diesem Raum – nicht nur Gott selbst, sondern auch all die unendlich vielen, die gleich mir schon seit undenklichen Zeiten hier in diesem Ort, in dieser Kirche gesessen haben, mit dankbarem Herzen, endlich in Galicien zu sein.

Es lebt und webt etwas in dem einfachen Kirchenraum, das aus dieser geballten Dankbarkeit kommt. Wieder fühle ich mich eingereiht in den großen Zug der Pilger aller Zeiten, ich kann mich der Dankbarkeit und Freude nicht entziehen. Und während ich auf das einfache Kruzifix vorne im Altarraum sehe, kommt mir mit einem Mal ein Lied in den Sinn, das ich als Kind gelernt habe: »Für mich gingst du nach Golgatha, für mich hast du das Kreuz getragen, für mich ertrugst du Spott und Hohn, für mich hast du dich lassen schlagen. Für mich trugst du die Dornenkron, für mich warst du von Gott verlassen. Auf dir lag alle Schuld der Welt, auch meine Schuld, ich kann's nicht fassen! Herr, deine Liebe ist so groß, daß ich sie nicht begreifen kann, doch danken will ich dir dafür, Herr, deine Liebe ist so groß, daß ich sie nicht begreifen kann, ich bete dich an.« Leise summe ich die Melodie vor mich hin und bin ein bißchen überrascht, wie einfach und klar in diesem niedrigen Kirchenraum alles ist, hier scheint es nicht die Fragen von Villafranca zu geben, kein Grübeln, kein Zweifeln, nichts, nur ein stiller, dankbarer Friede – ein Raum außerhalb der Zeit …

In der Abendsonne kauere ich noch an der Kirchenwand auf einer niedrigen, rings umlaufenden Mauerborte, erlebe O Cebreiro im immer abendlicheren Licht, sehe die anderen Pilger, die inzwischen auch aus Villafranca heraufkamen, gemeinsam in die kleine Bar des Ortes gehen; sie winken mir, aber ich verspüre keine Lust, meinen Platz schon zu verlassen; erst bei Dunkelheit schlendere ich zum Refugio.

Dort entdecke ich, daß hier ein Pilgerbuch ist, in dem auch das Alter eingetragen werden muß. Neugierig sehe ich bei Miguel nach, dessen Alter so schlecht zu schätzen ist – immerhin ist er schon 47 Jahre alt! Oder dann Volker, dessen Eintrag vom 1. Juni stammt, bei ihm habe ich mich also gründlich getäuscht. Ich wähnte ihn für kaum älter als mich selbst, er ist aber 32, erst in Santiago werde ich erfahren, daß er eine geschiedene Frau hat und eine siebenjährige Tochter …

31. Der Pilgerzug durch die Zeiten

Von O Cebreiro nach Barbadelo

Wieder, wie vor genau vier Wochen, stehe ich leise als erste auf, packe zusammen, bin um kurz vor sieben auf dem Weg. Ein eiskalter Wind weht hier oben in den Bergen, ich muß tüchtig laufen, um warm zu werden. Dann kann ich es nicht lassen, irgendwo querfeldein über die Höhenrücken zu gehen; ich merke zwar bald, daß hier alles von Stechginster überwuchert ist und daher sehr anstrengend und kratzig, ich nur langsam vorrankomme, aber es macht trotzdem mehr Spaß als auf der Straße – und danach ist mir warm.

Alle Berge vor einem ausgebreitet, langsam nur kommt das Morgenlicht herüber; als ich an der »Alto de San Roque«, der Höhe des heiligen Pilgers bin (1246 Meter), wo früher einmal eine Kapelle stand, da kommt endlich die Sonne strahlend über die Gipfel, gleich wirkt alles wärmer und freundlicher; ich stehe in Gold und Glanz und bin so glücklich!

Der Aufstieg zur Poio-Höhe (1337 Meter) ist steil und beschwerlich, oben aber belohnt ein herrlicher Ausblick den Pilger. Von nun an führt der Camino aus den Bergen wieder abwärts in flacheres Land. Die »Cebreiro-Berge« sind die letzten Höhen, die der Pilger vor Santiago zu überwinden hat, sozusagen die Schutzmauer ums gelobte Land. Nun rückt Santiago wirklich in greifbare Nähe: Muß das sein?

Den Weg bis Triacastela gehe ich in morgendlichem Schwung; viele kleine und kleinste Dörfer liegen am Wege, Ginster, meist Schotterwege, hin und wieder kurze Straßenstücke. Bald hinter Triacastela an einem kleinen Flüsschen seitab vom Wege mache ich Mittagsrast, kühle meine Füße im klaren Wasser. Unzählige blaue und rote Libellen tanzen über dem Bach.

Galicien begrüßt den Pilger mit Traumpfaden, oft anstrengend steil bergab, durch uralte Eichenwälder, die Stämme von Efeu bewachsen; roter Fingerhut hoch und aufrecht, und wieder und wieder Ginster, richtig große »Ginsterbäume«, die dann wie Goldregen herabhängen in intensivstem Goldgelb, kleine Orte, graue Steinhäuser, Hunde, Kühe – verwunschene Pfade voll Einsamkeit, Pilgerwege. Ein Rotkehlchen auf einem Zaunpfahl, seine rote Brust leuchtet in der Sonne, sein Schwanz wippt auf und ab. Schmetterlinge in vielen Farben und schön gezeichnet, große, grüne Eidechsen, Fliegen, die sich beim Vorbeigehen summend und in dunklen Wolken von Kuhfladen erheben, ein erfrischender Trunk hin und wieder aus Brunnen am Weg, so viel Blühen, eine hohe Malve, blaß-lila, die wiegend im Wind tanzt, zwei Störche, die stakend über eine Wiese spazieren, längs der Wege geschichtete Steinmäuerchen, manchmal so hoch, daß die schmalen Pfade wie Hohlwege anmuten. Oft sind es auch keine geschichteten Mauern, sondern einfach hohe Steinplatten, eine neben der anderen in den Boden gerammt. Bald kommt zu dem Rosa des stolzen Fingerhutes das Violett großer Glockenblumen hinzu, Glockenblumen, Fingerhut und Ginster säumen den Weg nach Westen. Und dahingehen, Stunde um Stunde, Kilometer um Kilometer …

Am Nachmittag erklimme ich die steilen Treppen zur Altstadt von Sarria. Vor der Kirche Santa María zieht sich auf einer Mauer über mehrere Meter ein beeindruckendes Gemälde hin, in wenigen, düsteren Farben: Pilger, Frauen, Männer, sogar Kinder, in weiten, schwarzen Umhängen, den Stab mit der Muschel und dem Trinkgefäß daran in der Hand; ein endloser Zug durch die Zeiten – hier ist endlich ein Bild, ein sichtbares Bild für das Gefühl, das mich seit Roncesvalles begleitete!

In der Kirche wird eben eine Hochzeit gefeiert. Die Braut in prächtigem weißem Kleid, Schleier, Reifrock, Rüschen ... Alle Anwesenden, Erwachsene und Kinder, sind aufgedonnert, fast kitschig herausgeputzt, der Ringwechsel, die Orgel, der Priester – wie in einem schlechten Fernsehfilm. Ich möchte so gerne etwas von der Braut wissen – ob sie heiratet, weil das eben so dazu gehört, oder ob sie eine »wirkliche Ehe« schließt, von der es heißt, daß das ein unauflöslicher Pakt auf Leben und Tod ist? Im stillen wünsche ich ihr »Glück«, ehe ich weitergehe.

Die Burg, das Magdalenenkloster, ein sehr schöner Bau, der Weg zur Pforte in Mosaikmustern gelegt, das romanische Portal der El Salvador-Kirche mit ihrem schlichten, fast kindlich wirkenden Tympanon – es gibt einiges zu sehen in Sarria! Das Refugio hier ist allerdings geschlossen, so gehe ich eben noch die viereinhalb Kilometer bis Barbadelo, wo es ein nettes, neueres Refugio gibt. Dort treffe ich wieder auf Marianne und ihre Mutter, auf Wido und den Belgier Robert und auf eine Handvoll andere – einen Teil der großen »Molinaseca-Gruppe« habe ich also wieder eingeholt. Herzlich werde ich begrüßt, heimlich bin ich aber froh, das kanadische Geschwisterpaar nicht ebenfalls vorzufinden.

Eine heiße (!) Dusche, anschließend gemütliches Zusammensitzen vor dem Haus, Weintrinken, Austauschen von »Camino-Geschichten«, so von Roberts Versuch, den Camino mit einer Eigenkonstruktion von Wagen zu machen, einer Mischung aus Fahrrad, Seifenkiste und Kinderwagen, den er aber schon nach drei Tagen aufgeben mußte, oder von einer älteren Frau, die ich selbst nie kennenlernte, die die anderen aber »die Kaffeetante« nennen. Sie sei immer mit mehreren Thermoskannen voll Kaffee unterwegs gewesen und habe jedem Pilger, dem sie begegnete, eine Tasse heißen Kaffee angeboten. Sie sei zwar nicht allzu schnell vorwärts gekommen auf diese Weise, habe sich aber viele dankbare Pilgerfreunde erworben … Irgendwann wird das Erzählen seltener, hier gähnt einer, dort einer, es ist empfindlich kühl geworden, und die ersten Sterne stehen schon lange über dem Haus und über der Kirche, die nicht weit vom Refugio jetzt nur noch als dunkler Schatten zu sehen ist. Auch ich bin sehr müde, spüre die über 45 Kilometer des Tages. »Und jetzt sind es nur noch gut 100 Kilometer bis Santiago!« bemerkt Marianne mit glänzenden Augen.

32. Ginstergold

Von Barbadelo nach Palas de Rey

Wieder ein feuchtkalter Morgen. Ganz kurz nur scheint die Sonne, dann gehe ich auf eine graue Regenwand voll drohender Düsternis zu, rechne damit, jederzeit den Poncho auspacken zu müssen, doch kommt es da, wo ich laufe, nie wirklich zum Regen, dafür zu Lichtspielen in einzigartiger Schönheit, als würden vor mir auf einer großen Leinwand, die den ganzen Himmel umspannt, Kämpfe zwischen Licht und Dunkel ausgetragen, in unheimlicher Stille, aber gewaltig und voll elementarer Wucht.

Abwechselnd wandere ich über kleine Landstraßen, dann wieder auf schmalen, steilen Pfaden durch uralte Eichenwälder, die dieses Etwas haben, das nur Eichenhaine ausstrahlen, die Stämme ehrwürdig und efeuberankt, am Wegrand blüht Fingerhut in großen Mengen und natürlich der Ginster, das Ginstergold ist nicht wegzudenken aus dieser Landschaft! Irgendwann liegen dann die Kirchen-Burg und Portomarín in der Ferne; mit dem Elf-Uhr-Läuten überschreite ich auf der langen Brücke den breiten Río Miño, dann die steile Treppe zur Altstadt hinauf. Die Rosette über dem Kirchenportal tut es mir zuerst an, sie ist großartig; dann die zwei romanischen Portale, am einen die Apostel oder sonstige alte Männer, alle mit mittelalterlichen Instrumenten in der Hand.

In der Sonne muß ich jetzt ein Stück an der großen Straße entlang, leider! Danach aber wieder auf einsamen

Feldwegen voll Stille und Schönheit. Heidekraut, Ginster, manchmal Kiefern, Vögel, einmal eine schmale, goldglänzende Schlange, die sich über den Boden ringelt. Allein sein mit Gedanken und Erinnerungen, mit Träumen und Fragen. Pilgern …

Erste Eukalyptus-Anpflanzungen. Hoch und fremd hier, es braucht eine Zeit, bis man sich an den ganz eigenen, bitteren Geruch gewöhnt hat, an die roten, krummsäbelähnlichen Blätter am Boden und die knopfartigen Samenhülsen, an die Rindenstücke und -fetzen, die von den Stämmen hängen, als würde eine Schlange sich häuten. Ich bin aber ehrlich genug, mir einzugestehen, daß das »Fremdsein« mir vielleicht auch nur deshalb so vorkommt, weil ich so viel Schlechtes darüber gehört habe, daß diese Bäume hier statt der Eichen angepflanzt werden, nur weil sie schnell wachsen – aber dabei auch den Boden auslaugen und unbrauchbar machen.

Fast »unbemerkt« wandere ich weitere 25 Kilometer von Portomarín, bis ich zur Abendmesse in der kleinen Kirche von Palas de Rey bin. Wieder einmal sitze ich einfach still mit dabei, auch wenn ich nichts von den Worten verstehe. Ich habe doch das Bedürfnis, etwas von dem zu begreifen, mitzuerleben, aus dem heraus so vieles auf diesem Weg lebt, entstand, noch heute entsteht.

Wieder habe ich ein Refugio für mich alleine. Die Frau, die es betreut, fragte mich noch, ob ich mich nicht fürchten würde – »Nein!« lachte ich, »para mi esto muy bien!« –, hatte ich ja gar nicht zu hoffen gewagt, daß mir das vor Santiago noch einmal widerfährt!

Tisch und Stuhl trage ich in einen der schmalen Alkoven über der Straße, beobachte die Leute, die unten vorbeigehen, bin müde, habe aber noch keine Lust, schlafen zu gehen. Wie nahe Santiago jetzt doch schon ist! Ob ich wirklich schon hingehen soll? Ach, ich weiß es nicht, ich merke nur, daß das Ende des Weges näher und näher rückt und nun auch ich in diesen geheimnisvollen »Zielsog« geraten zu sein scheine, in dem man die Kilometer richtig frißt, jeden Tag mehr. Gut, die Orte am Wege sind nicht mehr so interessant, aber vielleicht will ich auch noch an die Grenzen kommen, reizt es mich, wieder einmal auszuprobieren, was ich mir selbst abverlangen kann.

Die Kirchenglocken haben in ihrem Läuten die ersten zwei Sequenzen von »Bruder Jakob« – ein Kanon, der einmal im Zusammenhang mit dem Jakobsweg entstand, so paßt das sehr gut. Ehe ich in einem quietschenden, durchgelegenen Bett einschlafe, muß ich an Irmtraud denken, die heute abend wieder in München ist, und an diese »Alleebäume«, die in ganz Galicien entlang des Camino angepflanzt sind, lauter junge Eichen. Aber irgend etwas wurde beim Pflanzen falsch gemacht, denn fast alle sind tot; sie stehen abgestorben und dürr wie lange Stecken entlang des Weges, so wie die Schneestangen an den Straßen im Gebirge.

33. »super woman«

Von Palas de Rey nach Santa Irene

Am Dorfausgang von Palas de Rey treffe ich eine alte Frau, schwarz gekleidet wie die meisten alten Leute hier in der Gegend. Sie fragt mich, woher ich komme und all dies Übliche, und wiederholt kopfschüttelnd immer wieder und wieder das schon vertraute »mujer sola!«, als wenn es das achte Weltwunder wäre, daß eine Frau alleine unterwegs ist, fast vorwurfsvoll klingt es, aber auch wieder ungläubig-bewundernd. Wieso nur ist es selbst heute noch etwas so Undenkbares?! Und muß es nicht so sein, daß es für solch eine alte Frau, die vermutlich ihr ganzes Leben hart gearbeitet hat, nie auch nur im Traum an so etwas hätte denken können, was ich tue, daß es für sie auch schmerzlich sein muß, die Möglichkeiten junger Frauen zu sehen, die Freiheiten, muß eine solche Begegnung nicht Neid wecken?

Während ich noch darüber nachgrüble, nehmen mich wieder die Blumenfarben gefangen. Während des ganzen Camino bleibt diese Farbenvielfalt etwas vom Faszinierendsten! Und wie unterschiedlich selbst die gleichen Farben in anderer Kombination wirken! Schafgarbe, Wiesenschaumkraut, all dies Weiß, wenn dazwischen Gelb auftaucht – und sei es nur das winzige bißchen innerhalb der Margeriten –: schon ist das Weiß ganz anders. Manchmal sind es richtig beißende Kombinationen: Verschiedene Rot- und Violettöne, oder Gelb und Orange – nie zu beschreiben, die Gottesgärten am Straßenrand!

Als wäre die Jahreszeit plötzlich weiter fortgeschritten, wird heute das Ginsterblütengelb immer weniger, dafür sind die Büsche voll mit den weißbepelzten Samenkapseln, die mit leisem »Plopp – plopp« aufspringen, so daß es ein unverkennbares Geräusch ist, geht man durch Ginster, und das tut man hier ja ständig, durch Ginster, Eichen- oder Eukalyptuswälder …

Melide finde ich nicht besonders anheimelnd, trinke aber Kaffee unter einem fröhlichen, grellgelben Sonnenschirm an der Straße. Arzua ist einfach nur unschön und dreckig – ich tue nichts als hindurchlaufen und das so schnell wie möglich. An einem großen Möbelgeschäft prangt die grelle Aufschrift »Mueblos Camino de Santiago«. Was um alles in der Welt hat ein Möbelgeschäft mit dem Camino zu tun?! Nur weil es sich in Arzua befindet? Es ist schon manchmal fast lächerlich, wozu der Camino alles herhalten muß, für wie viele Zwecke er hier ausgenutzt wird – allerdings ist das ja letztlich in (Touristen-)Gegenden fast immer so. Dafür fällt mir eine andere Reklame positiv auf. Ein Campingplatz in Santiago wirbt schon hier entlang der Straße: »Camping Siglo XXI«. Da bei allen Bauwerken längs des Camino immer das Entstehungsjahrhundert vermerkt ist, es also heißt: »Iglesia Santa María Siglo XII«, so finde ich dies eine gelungene Werbung. Daneben gibt es hier im Ort auch immer wieder so etwas wie Wahlplakate zu sehen, Aufschriften und Poster, die Gebietstreitereien verraten und mich, die ich den Inhalt zwar nicht ganz verstehe, wieder einmal daran erinnern, daß ich mich nicht nur in der Vergangenheit, sondern zugleich im heutigen Spanien bewege, einem Land, in dem nicht alles Legende ist, sondern vieles auch schöne oder weniger schöne Gegenwart, ganz aktuell …

Am Ortsausgang treffe ich ausgerechnet auf die Kanadier, sie grüßen mich erfreut, sie wollen noch bis Arca. Ich schreite ordentlich aus, denn ich will alleine gehen. Gleichzeitig weiß ich, daß ich mit dem Weitergehen aus Arzua endgültig entschieden habe, am nächsten Tag in Santiago zu sein. Ich laufe und laufe, zunächst in einem Tempo, von dem ich weiß, daß ich es heute nicht mehr lange werde durchhalten können, aber ich will nicht von den Kanadiern eingeholt werden. Es wird immer schwerer, Schultern, Füße und Knie tun mir weh. Meist sind es schöne Wege, kleine Orte, Eukalyptus, Eichen, Ginster, Bäche, typische Steinmäuerchen, bellende Hunde, Kühe, Ziegen, Schafe, Fingerhut … Immer mehr aber wird das Gehen zur Qual. Kurz vor Santa Irene sage ich laut und verzweifelt: »Ich kann nicht mehr! Ich kann einfach nicht mehr!« Immer wieder muß ich an das kurze Gespräch mit dem jungen Kanadier denken, der mich vorhin fragte, ob ich gerne allein sei? »Of course«, entgegnete ich, »sonst würde ich doch den Camino nicht alleine gehen.« »You are very good!« war seine bewundernd-neidvolle Antwort. »Ich weiß nicht, ob das eine Frage von ›beeing good or not‹ ist«, erwiderte ich, »es hat doch wohl mehr etwas mit dem Wesen eines jeden zu tun, mit Veranlagung, vielleicht noch mit Mut …« Jetzt würde ich es gerne einem anderen, einem Kameraden zurufen, zustöhnen: Ich kann nicht mehr!

Als ich irgendwann spät das Refugio in Santa Irene finde, bin ich so fertig, daß ich mich zum ersten Mal auf Santiago freue!

Am Refugio winkt jemand, ruft: »Hello! how are you?« – braungebrannt und mit breitem Lachen steht der Brasilianer Marco vor mir … Einige von jener großen Gruppe in Molinaseca sind da, als sie hören, woher ich heute komme – wieder waren es gut 45 Kilometer –, da meint diejenige, die in Molinaseca so toll gesungen hatte: »mujer sola, Palas de Rei-aqui – wow! super woman!« – und ich muß mit den anderen über dies ungekünstelte »Lob« herzlich lachen. Obwohl ich mich im Moment alles andere als wie eine »super woman« fühle, weiß ich, daß ich in den letzten drei Tagen »Großes« geleistet habe, rund 140 Kilometer in drei Tagen mit Gepäck ist schließlich keine Kleinigkeit; ich weiß und spüre aber auch, daß ich damit an meine körperlichen Grenzen gekommen bin – mehr kann ich nicht verlangen, einen vierten Tag mit dieser Kilometerzahl sofort anschließen, das würde ich wohl nicht schaffen. Ich bin wie erschlagen, alles tut mir weh.

Das kleine Refugio ist recht voll. Alle sind in Hochstimmung: morgen wird das Ziel erreicht! Von hier aus sind es noch ziemlich genau 20 Kilometer bis Santiago. Ich dusche (kalt) und gehe um halb zehn zu Bett, kurz darauf kommen auch die Kanadier noch, sie haben es nicht mehr bis Arca geschafft.

In einem der oberen Stockbetten liege ich am offenen Fenster, während die meisten anderen in der Bar gegenüber noch zum Essen gegangen sind, liege da und überlege. Es ist ein merkwürdiges Gefühl: der letzte Abend vor Santiago. Ich freue mich höchstens darauf, weil ich mich dann erstmal für einige Tage von den Rucksack-Marsch-Strapazen erholen kann, auch bin ich natürlich auf die Stadt gespannt, dazu hoffe ich, Volker, Norris, Nico und Juanita dort noch anzutreffen.

So vieles geht mir durch den Kopf in dieser Nacht! Oft wache ich auf, schlafe lange nicht wieder ein. Eine merkwürdige Nacht, ein bißchen ähnlich der in Roncesvalles, nur daß da das ganze Spanienabenteuer noch vor mir lag, jetzt ist es das erste, nahe »Ziel«, welches mich aufgeregt sein läßt …

Einmal stehe ich leise auf und gehe nach draußen, die Nacht ist klar und warm und ich weiß wieder, daß ich auf dem Sternenweg bin und das Ankommen in Santiago zu diesem Weg ebenso dazugehört wie der Aufbruch!

Am Anfang ist eine Unruhe, ein Sehnen …

Irgendwann wagt man den Aufbruch …

Vamos, gehen wir – jedes Losgehen ist ein Unternehmen in die Ungewißheit hinein …

Herausforderung des Schicksals, Begierde nach Neuem, Unbekanntem, Unzufriedenheit mit dem alten Trott …

Und jede Straße ist der Heimweg – auf jeder Wegstrecke kommt irgendwann ein Roncesvalles: das Erkennen, daß man sich selbst nicht zu Hause lassen konnte – irgendwann kommt man an, nicht am »Ziel«, sondern bei sich selbst, von da an geht man mit sich selbst gemeinsam weiter …

Einen Fuß vor den anderen, wieder und wieder …

Und hinter allen Wegabschnitten, hinter allem Leben lockt das Unbekannte, das Abenteuer …

Aufbruch und Ankommen, zwei Pole auf einem Kreis, Sonnenaufgang und Sonnenuntergang – jeden Tag neu …

Das Leben als große, nie endende bunte Pilgerschaft – eine Reihe von blumenfarbenen Tagen, von muscheltragenden Gefährten, von windgesang-erfüllter Einsamkeit, von kornblumenblauer Sehnsucht – ein einziges Pilgerfest, ein dunkles Liebeslied …

Der Tod als Santiago, eines Tages eintretend, ganz anders als erwartet, mit Muschel und Stab, mit weitem, dunklem Umhang und einem breitkrempigen Hut – auch der Santiago-Tod hat Pilgerfüße …

Wie es sein wird, ans Ziel zu kommen, kann der Pilger nicht wissen, nur träumen und hin und wieder ahnen: Einmal, am Ende der Pilgerschaft, wird er im Westen am Meer stehen und Gott von Angesicht zu Angesicht sehen – und darüber wird die Sonne verblassen …

Einen Fuß vor den anderen, wieder und wieder …

Jetzt, auf dem Weg, auf dem Camino des Lebens, der Alltage und Festtage, sehnt sich der Pilger nach Santiago, nach dem Ziel – und zugleich hat er Angst davor, vor einer Enttäuschung, vor dem Ende des bunten, trotz aller dunklen Wolken geliebten Weges, vor dem Wahrwerden des Traumes, tief drinnen weiß er, er will noch gar nicht ankommen. Er macht Umwege und Pausen, zögert hier und verweilt dort, nur um noch auf dem Weg bleiben zu können … Der Weg ist ihm wichtiger als das Erreichen eines fernen Zieles.

Daneben gibt es Augenblicke, die sind wie das duftende Land nach dem Regen oder wie der Händedruck eines Freundes: Augenblicke, in denen der Pilger ahnt: Wenn er an der Hand von Santiago, dem Tod, den letzten Schritt auf die Klippen von Finisterre, wo das Land des Erdenlebens zu Ende ist, getan haben wird, dann wird er das Ankommen ertragen können, dann wird er jubeln und flammen wie das Abendrot im Westen über Avalon, dann wird er am Ziel sein, er wird Gott schauen in Ewigkeit …

Einen Fuß vor den anderen, wieder und wieder …

34. Ultreia! oder: Keine Freudentränen

Von Santa Irene nach Santiago de Compostela

Ein großer, schöner Eichelhäher fliegt ganz dicht vor mir auf, eine silberne Schlange sonnt sich auf dem Weg, ein markant gezeichneter Falke kreist wandernd über mir – noch einmal eingesponnen werden in die Seltsamkeit von Eukalyptus, Kiefern, Pinien und Fingerhut. Ich habe es gar nicht eilig, nach Santiago zu kommen. So stand ich auch spät auf und ging erst los, als alle anderen schon wieder unterwegs waren. Besonders viele von den berühmten Speichern Galiciens fallen mir auf. Vereinzelt waren sie auch in den letzten Tagen schon zu sehen. Sogenannte »hórreos«, alte Getreide- oder Maisspeicher, die auf Stelzen thronen und als besonderes Wahrzeichen Galiciens gelten. Später – nach Santiago – werde ich noch viele dieser hórreos in Galicien sehen, oftmals auch in jener »Mischung« aus Heiden- und Christentum: an einer Giebelseite ein Kreuz, an der anderen alte Zeichen. Immer häufiger werden auch die Cruceros, die steinernen Kreuze, denen man in Galicien auf Schritt und Tritt begegnet. Selten sind es keltische Kreuze mit ihrem verzierten Rund um die Querbalken, meist sind es die galicischen Cruceros, bei denen auf der einen Seite des Kreuzes ein gekreuzigter Christus hängt, auf der anderen Seite eine Mutter Maria steht. Bei den so auffallend vielen Kreuzen fällt mir immer wieder die Bezeichnung des Jakobsweges als »Todeswallfahrt« ein, auf der – so manche Vermutungen – in vorchristlicher Zeit Menschen Kenntnisse für das »andere Leben« zu erlangen suchten, im Reich des Todes und der Wiedergeburt, im Land der untergehenden Sonne ...

Kurz vor Lavacolla überholen mich Marion und Stefan, die Kanadier. Sie haben heute, im Gegensatz zu mir, einen sehr flotten Schritt. Marion ruft begeistert, fast jubelnd: »Yeah, we arrive!« und wedelt triumphierend mit ihrem Stab durch die Luft.

Ich werde noch langsamer, um ihnen Vorsprung zu geben. Weshalb freuen sich alle so auf das Ankommen? Ich verstehe das nicht! Zwei niedliche, sehr junge, goldbraune Hündchen sitzen auf einer Mauer, ich bleibe minutenlang stehen, streichle sie, spiele mit ihnen, mache dann eine Viertelstunde Pause an der Kirche von Lavacolla, im Gras zwischen alten Grabsteinen. Die Menschen, denen man heute begegnet, grüßen herzlicher, lachend, es ist, als würden sie wissen, mit welcher Freude alle auf das nahe Ziel zugehen.

Noch eine Tasse Kaffee vor einer Bar in der Sonne – ich kann mich einfach noch nicht zum »Endspurt« entschließen, mir selbst fast unbewußt zögere ich das Weitergehen und damit das Ankommen immer weiter hinaus ... Hinter Lavacolla verläuft der Camino noch einmal für kurze Zeit auf richtig kleinen Wegen und Pfaden. Ich bleibe dauernd stehen, betrachte hier einen Rosenstrauch, rieche daran, sehe da von einer kleinen Brücke ins tiefgrüne, still hinfließende Wasser, über dem die Mücken tanzen, begucke hier einen der »Knöpfe« der Eukalyptussamen genauer ... Mir ist, als dürfe ich nichts, aber auch gar nichts von all dem verlieren, was der Camino mir noch zu schenken hat, bevor ich dann irgendwann auf der Straße bin, die zum Monte del Gozo führt.

Verschwitzt, heiß, durstig und müde stehe ich mittags oben am sehr modernen Denkmal auf dem Monte del Gozo, nahe einer winzigen, uralten Kapelle. Unter mir dehnt sich die große Stadt im Dunst, eine graue Wolke darüber ... und ich habe es sehr schwer, mir vorzustellen, daß dies also der Berg der Freude ist, wo zu allen Zeiten die Pilger mit Freudentränen und in Jubel und Dankbarkeit auf die Knie gesunken sind. Ich beiße nur die Zähne zusammen, weil ich weiß, daß jetzt wieder so ein heißer, endloser Asphalt-Abgas-Industrie-Vorstadt-Einzug beginnt, bis ich die Altstadt von Santiago erreicht haben werde. Nein, ich weine keine Freudentränen, fühle mich auch nicht dankbar und nicht ergriffen – der Weg war zu schön, zu einsam, zu »groß«, als daß der Anblick einer Stadt unter ihrer Dunstglocke, die noch dazu diesen Weg vorerst beendet, mich zu Dankbarkeit oder Freude bewegen könnte! Und so stehe ich da, mit meinen unpilgerhaften Gefühlen, und weiß doch, daß ich mir irgendwann den Ruck geben muß weiterzugehen. Laut rufe ich: »Ultreia!«; damit geht es abwärts vom Monte del Gozo …

Vorüber am großen »Lager« von 1989 oder erst vom letzten Jahr, das weiß ich nicht, aber ich möchte da nicht untergebracht werden! Das sieht zu sehr nach Massenabfertigung aus! Wie erwartet wird das Hineingehen in die Stadt schrecklich.

Mit dem Mittagsläuten stehe ich dann auf dem Platz vor der großen, mächtigen Kathedrale von Santiago, drekkig, verschwitzt, den Rucksack noch auf den Schultern … und staune dies gewaltige Bauwerk an!

Dann aber frage ich mich zum Pilgerbüro durch, wo gerade auch die Kanadier und zwei Neuseeländerinnen angekommen sind. Außerdem ein blonder Engländer, Fahrradfahrer, der sich leutselig als Steve vorstellt.

Vom Pfarrer bekomme ich die Urkunde »Compostelana«. Er beglückwünscht mich mit Handschlag und allem, er schafft es, einem das Gefühl zu geben, etwas ganz Besonderes getan und vollbracht zu haben – dabei muß er ja viele, sehr viele so beglückwünschen. Norris meint später, dieser Pfarrer habe ein »twinkle in his eyes« gehabt, damit hatte er recht, vielleicht war es das, was mir so gut an ihm gefiel … Ich muß mich ins große, schwere Pilgerbuch eintragen. Verwundert stelle ich nach einigem Blättern fest, daß weder Volker noch Norris noch Nico und Juanita eingetragen sind, auch von Ines keine Spur – sie müßten doch alle längst da sein?!

In den »Vorsaisonzeiten« ist das Refugio im Seminario oben am Berg untergebracht. Hier darf man drei Nächte bleiben, muß 300 Pesetas für die Nacht bezahlen. Ich zahle also bei dem grauhaarigen, beleibten Pförtner und will eben hinter ihm her zu den Schlafräumen hinaufsteigen, als Norris und Nico mir auf der breiten Treppe entgegenkommen. »Anna!« ruft Norris erfreut, ein gutmütiges Lachen über seinem ganzen Gesicht, das wie immer jugendlich gerötet unter dem grauen Haar wirkt. Wir schütteln uns die Hände, »welcome to Santiago«, meint Norris großartig. Die beiden sind schon »stadtfein«, frisch und sauber, auf mich wartet der Pförtner, der schon ungeduldig fragt, ob ich nun komme oder nicht – so verschieben wir alles weitere Wiedersehen und Erzählen auf später ...

Ich breite meinen Schlafsack auf einem der vielen, vielen Betten (von denen zum Glück nur eine Handvoll belegt sind) aus – und gehe duschen. Die Waschräume sind im Keller, der Schlafraum im 3. Stock – meine Füße, meine Beine schmerzen bei jeder Stufe.

Nur wenig später bin ich wieder an der Kathedrale, dem Herzstück dieser Stadt. Was für ein Bauwerk! Ehrfürchtig stehe ich vor dem Pórtico de la Gloria, dem älteren, romanischen Eingangsportal hinter der heutigen Barockfassade, lege meine Hand wie die Pilger aller Jahrhunderte auf die schon abgegriffene Säule unter dem thronenden Christus und dem gütig blickenden Saint Yago mit seinem Pilgerstab ... Lange sitze ich einfach nur in der Kathedrale, beginne ruhig zu werden und langsam, langsam etwas wie Freude darüber zu empfinden, nun hier zu sein. Natürlich gehe ich auch hinter dem Hochaltar hinauf, steige hinunter zum Schrein des Jakobus-Leichnams. Ich kniee zwar nicht davor nieder, denn für mich bedeutet dieser Kasten nichts, wenn er auch kunstvoll verziert ist, aber gesehen haben möchte ich ihn doch. Eine gutgekleidete

Frau, hübsch und noch recht jung, kniet vor dem Schrein nieder, sie weint ergriffen und hingegeben, küßt ein ums andere Mal den goldverzierten Kasten – ich stehe etwas betreten dabei, fühle mich »ausgeschlossen« von einem Erleben, von dem ich dunkel fühle, daß es zum Ankommen in Santiago gehören müßte, das mir aber verschlossen, unmöglich ist ...

Anschließend streife ich etwas in den nächsten Gassen umher, finde aber bald zur Kathedrale zurück, noch kann ich mich nicht lösen aus ihrem Bann. Ich sitze auf dem Platz vor der Kathedrale, in stilles Schauen versunken – da kommt plötzlich Volker auf einem Fahrrad daher, hält lachend vor mir. Er hat Bekannte in Santiago, da wohnt er jetzt, denen gehört auch das Rad. Er kam gestern an, hat sich aber erst heute im Pilgerbüro gemeldet, »genau unter dir habe ich mich ins Buch eingetragen«.

Den Abend über sitze ich mal da auf einer Treppe, hier auf einer Mauer, dort an einem Brunnen rund um die Kathedrale, tue gar nichts, sitze nur, bin traurig, daß das Refugio um halb zehn schließt, denn in einer solchen Stadt beginnt ja dann erst das »wirkliche Leben« ... Ich brauche einfach Zeit und Ruhe, um erst einmal in die Stimmung dieser besonderen Stadt hineinzufinden.

Nach und nach finden einige Pilger zusammen, alle kennen sie mich mehr oder weniger gut; zuletzt stößt Norris dazu, einer der anderen will uns einander vorstellen, aber da meint Norris lachend, das sei nun wirklich nicht nötig!

Ein klein wenig ist es wie ein Nach-Hause-kommen, daß man alle kennt, die da sind oder nach und nach ankommen. Ich bin froh, daß ich unterwegs durch meine »Umwege« und dann wieder das schnelle Gehen so viele kennengelernt habe, und nicht, wie viele andere, immer in ungefähr der gleichen Gruppe ging. Die Radfahrer aus Villafranca erzählen mir, wie klar und gestochen scharf die Stadt am vorigen Tag, als sie auf dem Berg der Freude standen, unter ihnen gelegen hatte, und wie schön und verlockend dieser Anblick gewesen sei – ich schweige dazu …

Norris hat Brot, Käse und Wein besorgt, er kommt mit den Kanadiern und den Neuseeländerinnen, die alle vier ausgelassen, gickerig und ziemlich betrunken scheinen. Norris erklärt trocken, diese Kinder hätten in ihrer Ankommensfreude zu viel getrunken … Ich stehe auf der Seminario-Treppe, als sie daherkommen, still versunken in den Anblick der Abendsonne genau hinter der Kathedrale – der Blick von hier oben ist sagenhaft!

Nachdem die Türe geschlossen wurde und alle widerwillig hineinmußten, feiern wir noch eine »Party«. Die vier sogenannten »Kinder« machen noch viel Wind, Marion und eine der Neuseeländerinnen ziehen sich weitgehend aus, was ihnen einigen Beifall einbringt, die andere versucht, zu singen, was aber nicht mehr so ganz gelingt – kurz, sie sind sehr unterhaltsam, Steve sitzt bei ihnen; ich unterhalte mich mit Norris, Nico und Juanita, wir trinken Wein und essen Brot mit Käse – auch in Santiago ist man noch auf dem Camino und teilt Brot und Wein –, und wie schön wäre es erst, wenn Jörg und Viola jetzt dabei wären, daran darf ich gar nicht denken!

Spät, müde und in seltsam undefinierbarer Stimmung krieche ich in meinen Schlafsack, vor dem Fenster die Stadt wie ein Traum aus Lichtern und Türmen – und bemerke vor dem Einschlafen befriedigt, dieses unruhige Gefühl der Sehnsucht nach irgendeinem fernen Ziel, das in den letzten Wochen so oft »Santiago« hieß, ist noch ebenso stark in mir und also mit der Ankunft in dieser Stadt keineswegs vergangen …

35. Was aber unsichtbar ist, das ist ewig

Santiago de Compostela

Mittwoch und Donnerstag sind zwei volle Tage, die nur Santiago gehören. Ich fühle mich wohl in dieser alten Stadt, wo jeder Stein seine Geschichte hat, wo man durch alle kleinen und kleinsten Gäßchen immer und immer wieder zur Kathedrale kommt, als wäre ganz Santiago mit seinen ungezählten Sträßchen, Winkeln, Kirchen, Brunnen und Plätzen ein Labyrinth, das nur einen Ausgang hat: den Platz vor der Kathedrale. Jeden Mittag Punkt zwölf Uhr wird in der Kathedrale eine »Pilgermesse« abgehalten. Auch diese Messe erlebe ich in tiefer Feierlichkeit und als ergreifend schön. Viele, viele Menschen sind in dem großen, hohen Kirchenraum versammelt, sechs Priester in bunten Gewändern ziehen ein: weiße Unterkleider, darüber giftgrüne Kittel mit leuchtend rotem Kreuz und Goldborten. Feierlich wird verlesen, wie viele Pilger aus welchen Ländern der Erde zu Fuß oder per Fahrrad seit dem Mittag des letzten Tages in Santiago eingetroffen sind.

An jedem Tag wird in einer anderen Sprache der Bibeltext gelesen und Teile der liturgischen Gebete gesprochen; ich habe nicht gewußt, daß es gerade heute Deutsch sein würde. In klarer, sauberer Aussprache liest ein junger Geistlicher einen Abschnitt aus dem vierten Kapitel des zweiten Korintherbriefes, in einer ungewohnten Übersetzung, so daß die bekannten und vertrauten Worte einen seltsam neuen, überraschenden Klang haben: »Wir sind wie zerbrechliche Tongefäße, damit ein jeder sehen kann, daß alle Kraft von Gott kommt und nicht aus uns selbst ... Wir aber sehen nicht auf das Sichtbare, sondern auf das Unsichtbare. Denn was sichtbar ist, das ist zeitlich, was aber unsichtbar ist, das ist ewig.«

In langem Zug ziehen die meisten der Anwesenden dann in zwei Reihen nach vorn zum Hochaltar, empfangen die Hostie aus der Hand eines Priesters. Hier geht Juanita, die Spanierin, mit dem tiefschwarzen Haar, die Braut von Nico; ihr feierlich-still-gesammeltes Gesicht, ganz in sich ruhend und versunken, dabei überstrahlt von innerem Glück, ist vielleicht das Schönste, was ich während dieser Messe sehen darf – diese junge Frau, die gleich mir Kilometer um Kilometer auf alten Wegen hierher kam, hat in diesem Moment das Antlitz, den Ausdruck einer Madonna ... Zwar habe ich noch gut das Flehen und bange Erwarten von Roncesvalles her in Erinnerung, aber heute bin ich viel ruhiger; ob ich will oder nicht, ich bin »angekommen«, ein Abschnitt des Weges schließt sich – fast bin ich verwundert, daß ich das so ruhig hinnehmen kann.

Zum Ende der Messe erheben sich alle, es wird auch auf deutsch gesungen: »Meerstern, ich dich grüße! O Maria, hilf! Maria hilf uns allen aus unsrer tiefen Not!« Dies ist wieder etwas, was mir das Gefühl gibt, nicht wirklich zu verstehen, was diese Menschen erleben – ich glaube nicht, daß Maria helfen kann, aber während ich die schöne Weise mitsumme, weiß ich plötzlich, daß das gar nicht wichtig ist für dieses Erleben. Weshalb sollte ich, eine Protestantin, eine Messe nicht ebenso still-staunend erleben können wie einen russisch-ortodoxen Gottesdienst in einer Kuppelkirche in Moskau oder die vielstimmigen Gesänge der rotgekleideten Frauen oder Knaben während des Ritus der englischen Hochkirche? Ich habe mich nicht aufgemacht, um sowieso schon Bekanntem zu begegnen, sondern um ungekannten Geheimnissen nachzuspüren! Wieder und wieder entdecke ich Neues an der Kathedrale: Die Puerta Santa, die heilige Pforte an der Westseite, die nur im »Heiligen Jahr« geöffnet ist, und über der – von Barockschnörkeln eingerahmt – der heilige Pilger Jakobus selbst steht, mit Muschel, Stab, Trinkgefäß und breitkrempigem Hut. Da sind die vielen Muschelanklänge am Bauwerk selbst, immer wieder anders hineingearbeitet in Ekken und Verzierungen. Am staunenswertesten aber ist das romanische »Bilderbuch« des Pórtico de la Gloria mit seinen Aposteln, Engeln, Märtyrern, Pilgern, Heiligen und Ungetümen: eine ganz und gar himmlische Pracht, die das Gemüt mitreißt. Ganz oben ein Rund von 24 Ältesten, Männern mit gewellten Bärten und Kronen; in Stein gehauen, spielen sie alte Instrumente.

Zur Kathedrale gehört das Kathedralmuseum, in dem viele Dinge aus der Baugeschichte ausgestellt sind, man aber auch – und das ist das Schönste daran – in Räumlichkeiten kommt, die nicht zum direkten Kirchenraum gehören. So kann man im Rahmen des Museumsbesuches auch auf die Galerie des Seitenschiffes hinausgehen und von oben auf den Platz vor der Kathedrale blicken. Dann begegne ich hier noch einem romanischen Marienbildnis, einem schlichten, buntbemalten Holzfigürchen, das ich in einem Seitenraum entdecke. Es beeindruckt mich so, daß es mir vor allem anderen von diesem Museumsbesuch in Erinnerung bleibt. Die ganze Figur ist nur ungefähr 50 Zentimeter hoch, der Titel auf dem zugehörigen Schildchen lautet kurz: »Empfängnis«. Das lange, aufgelöste Haar, der schwere Umhang, das Kleid – alles fließt, fällt weich und »fraulich«. Das Gesicht ist ganz ruhig und gesammelt, nach innen gewandt, die Arme und Hände sind etwas erhoben, aufnehmend und zugleich bittend. In seiner schlichten »Unbewegtheit« drückt dieses Bildnis vielleicht mehr vom großen Geheimnis aus als so vieles, was heute versucht wird!

Überhaupt ist die Kathedrale natürlich nicht das einzige Bauwerk, das einen in dieser Stadt beeindrucken kann. Da ist das verwitterte Figurenportal, sind die mächtigen, gerundeten Stützpfeiler der romanischen Konventkirche

Santa María del Sar, ganz im Südosten der Stadt am kleinen Flüßchen Sar. Ich bemerke lächelnd, daß die vielen kleinen Blumen, die aus den Mauerritzen herauswachsen, mich mindestens so stark berühren wie die Formen des Bauwerkes und seiner Verzierungen …

Da ist auch die Kirche Santo Domingo, im Nordosten Santiagos, mit dem zugehörigen ehemaligen Klostergebäude; heute ist hier das »Museo do Pobo Galego« untergebracht, das »Galicische Volksmuseum«. Eine vielseitige, reichhaltige Sammlung von kunsthandwerklichen Gegenständen, anschaulichen Darstellungen und Beschreibungen von Lebensraum, Handwerk, Lebensweise, Bauweise, Bräuchen und Geschichte Galiciens und seiner Bewohner. In diesem Museum spürt man den Hauch über Santiago hinaus. Ich kenne zwar die oft geäußerte Meinung: »Galicien ist Santiago«, bin damit aber nicht einverstanden. An diesem reichen Museum freut mich, daß man hier Galicien begegnen kann, nicht nur Santiago. Es ist für mich ein Vorgeschmack auf die Tage und Wochen, die ich nach Santiago und nach Finisterre noch in Galicien werde verbringen können, dem grünen, keltischen Land mit den ertrunkenen Buchten … Innerhalb des heutigen Museums befindet sich auch eine innenarchitektonische Besonderheit, die zu Staunen, Belustigung und Verwirrung führen kann: ein Treppenhaus mit drei Wendeltreppen, die spiralenförmig umeinanderlaufen und Verbindung zu den verschiedenen Stockwerken und Flügeln herstellen. Steht man unten und will in einen bestimmten Raum gelangen, muß man erst mit den Augen den verschiedenen ineinandergeschachtelten Treppen in ihren Windungen folgen, um zu wissen, welche man wählen muß – nicht immer erwischt man auf Anhieb die richtige. Dann gibt es nur eines: zurück nach unten und den Aufstieg auf einer anderen gewagt, denn untereinander haben die drei Treppen keine Verbindung …

Da ist der sagenhafte Palacio de Gelmírez, nahe der Kathedrale, da sind die vielen hohen, stattlichen Häuser mit Wappenschmuck und Bildnissen, da sind die vielen Plätze mit Brunnen und altehrwürdigen Fassaden, mit sonnenwarmen Steintreppen und Heiligenbildern, da ist am Hügel im Westen der Altstadt aufsteigend ein hübsches Parkgelände mit Blumen, grünen Wiesen, Bäumen und Bänken – und einem weiten Blick über die Stadt mit ihren Türmen und Türmchen und auf die Kathedrale, das alles beherrschende Bauwerk dieser ungewöhnlichen Stadt.

Ein weiteres hervorstechendes Bauwerk am Kathedralplatz ist das alte, würdige Hotel de los Reyes Católicos, das Hotel der katholischen Könige. Es wurde im ausgehenden 15. Jahrhundert von einem katholischen Königspaar als Pilgerherberge in Auftrag gegeben. Ein gewaltiger Bau, vor dem livrierte Pförtner »Wache« stehen, um die Luxustouristen Santiagos würdig in Empfang zu nehmen – und um unwürdige Gäste gleich abweisen zu können. In einem turbulenten Augenblick, etwa wenn neue Gäste ankommen, gelingt es vielleicht auch einmal einem Fußpilger wie mir, einen kurzen Blick in die Empfangshalle und den Kreuzgang zu werfen – bevor er hinausgeworfen wird …

Allerdings gibt es eine jahrhundertealte Verpflichtung, daß in diesem Luxushotel auch »arme Fußpilger« bewirtet werden müssen. Das wird noch heute eingehalten, wenn auch mit einer Haltung seitens des Personals, die bei fast allen deutlich spüren läßt, daß sie dies für unter ihrer und der Würde ihres Hauses halten. Es gibt einen Hintereingang aus einer Seitenstraße, durch die Tiefgarage des Hotels, den die Pilger, unter Vorweis ihrer »Compostelana«, der Pilgerurkunde, benutzen können. Durch Hinterhöfe und -treppen gelangt man zur Küche, wo jeder Pilger ein Tablett bekommt, je nach Tageszeit mit Kaffee und Brot oder einer warmen Mahlzeit. Das Essen ist reichlich, das Küchenpersonal, verschwitzt und in Arbeitsschürzen, schon wesentlich freundlicher als die geschniegelten Herren im repräsentativen Teil des Hotels. Von der Küche noch zwei Treppen in den Keller hinunter – und schon ist man im Speisesaal für Pilger, einem schmutzigen, kahlen

Raum, in dem ein langer Holztisch steht, dazu zehn Stühle. Zu mehreren sind es aber doch ganz lustige Mahlzeiten, außerdem kosten sie nichts, sind reichlich – und sind ein Erlebnis: einer alten Regel zufolge abgespeist werden im Hinterhofkeller eines Luxushotels ...

Mehr als zehn Pilger pro Mahlzeit werden nicht eingelassen, im Sommer, habe ich zumindest gehört, müssen die Pilger schon stundenlang vorher Schlange stehen, um dranzukommen. Jetzt, in der »Vorsaison« der Pilgerschaft, sind es nie mehr als höchstens einmal neun Leute, die essen wollen; sie können sogar, wie ich einmal, fünf Minuten zu spät kommen – der Pförtner sieht zwar bedeutungsvoll auf die Uhr, läßt mich aber noch ein.

Da ist der Markt – ein buntes, heißes Gewühle voller Farben und überdeckt vom Geruch nach Fisch und Fleisch. Laute Händler, bunte Kleider neben Körben voller Obst und Gemüse, dann Tisch um Tisch offenes Fleisch und Fisch. In Galicien werde ich noch viele Märkte sehen, werde, z. B. in Pontevedra, den Gestank bei über 40° C Hitze kaum ertragen – aber keinen Markt werde ich so groß und vielfältig, so bunt und verwirrend in Erinnerung behalten wie den von Santiago ...

Neben diesem Markt gibt es immer wieder Kunstmärkte in den Gassen der Altstadt: Lederwaren, Schmuck, Seidenstoffe, Kleider, Malereien. Dann wimmelt es natürlich von kleinen und kleinsten Läden und Lädchen, von Ständen und auch Verkäufern mit Bauchläden, die »Jakobs-Pilger-Kitsch« feilbieten: Muscheln in jeder Farbe und Größe, Apostel-Figürchen, Postkarten, Handtücher und Stoffkalender mit dem Bild der Kathedrale, Kettenanhänger oder Anstecknadeln mit dem roten Kreuz der Jakobswallfahrt, Pralinen in Form der Jakobsmuschel, Bleistifte und Briefpapier mit Muschelrand und der Aufschrift »Santiago de Compostela« und noch eine Menge Ramsch dieser Art.

Daneben gibt es auffallend viele Schmuckgeschäfte mit gediegenen Arbeiten, man kann viel Zeit damit verbringen, die Auslagen zu betrachten. Vor allem ist es Silberschmuck in Verbindung mit Gagat, dem »Schwarzen Gold Galiciens«. Silberschmiede hatte es seit jeher in großer Zahl in Santiago gegeben, sie stellten schon früh Erinnerungsgegenstände, vor allem Muscheln, her. Im Volkskundemuseum Galiciens konnte ich die Bearbeitungswerkzeuge für das Gagat sehen, die Fertigungsstufen, die Gewinnung. Gagat ist ein unreiner Kohlenstoff, der hauptsächlich in Asturien abgebaut und traditionsgemäß in Galicien verarbeitet wird. Aus dem tiefschwarzen Stein wurden Perlen gefertigt, um die Festtagstrachten zu besticken, außerdem – bis heute – Kruzifixe, Amulette und Schmuck.

Aber nicht nur Eindrücke von Bauten und Kunsthandwerk, von Märkten und Farben gehören zu den Tagen in Santiago. Da sind auch und vor allem die Menschen. Da sind die Bewohner Santiagos, einfache Bürger, Handwerker, Händler, da sind die Bauern aus der Umgebung, die ihre Produkte auf dem Markt verkaufen, da sind die Studenten der Universität, deren altes Hauptgebäude sich nahe der Kathedrale befindet, da sind Nonnen und Priester in ihren Ordensgewändern, da sind alte, dunkelgekleidete Frauen, die selbst hier in der Stadt noch ihre Einkäufe nach der Art der Galicierinnen auf dem Kopfe nach Hause tragen, wie ich es später auf dem Lande noch so oft sehen werde, da spielt ein junger Mann den Dudelsack, die »gaita«, die so typisch ist für Galicien wie für Schottland, dort stehen zweie und debattieren in voller Lautsärke und mit heftigen Gesten über irgendetwas, hier sitzt ein Bettler … Da sind aber auch die Touristen; sie bevölkern die Straßen und Kirchen Santiagos, die Plätze, die Cafés und Bars, sie fotografieren hier und fotografieren dort, sie fahren mit dem Taxi vor dem großen Hotel der katholischen Könige vor oder wandern mit Turnschuhen und zerrissenen Hosen durch die Klöster und Kathedralen. Da sind die Pilger, meist kenntlich an Kleidung, die für mehr als einen sommerlich-warmen Stadtbummel zu brauchen ist, an den weißen Füßen, wo sonst die festen Schuhe und Strümpfe waren, an der Muschel oder sonst einem Zeichen, vielleicht auch nur an dem »gewissen Etwas«, mit dem sich Angehörige der »gleichen Schicht« untereinander erkennen …

Ja, da sind die anderen Pilger. Da sind Marianne und ihre Mutter, die einen Tag nach mir ankommen, da ist Wido, der große Holländer, ein Geistlicher, der am Donnerstag die Pilgermesse mitzelebriert, wie ich hinterher erzählt bekomme, während der auch das große Weihrauchfaß geschwungen wird, was heute nur noch dann vorkommt, wenn Touristen eine bestimmte Summe für diesen Aufwand bezahlen. Da sind all die vielen, die kommen und gehen, mir mehr oder weniger gut bekannt. Da ist natürlich Norris, Norris, der sich am Mittwochabend auch von mir verabschiedet, er geht sehr früh am nächsten Morgen auf den Bus, in 19 Stunden direkt nach Toulouse, dort, sagt er, habe seine Frau alles, was noch von ihm da gewesen sei, zum Bahnhof gebracht, so daß er es mitnehmen könne nach England, ohne daß sie ihn noch einmal zu sehen brauche … Er sagt es ruhig, als gehöre es einer Vergangenheit an, die ihn schon nicht mehr berührt – auch er ist einen weiten Weg gegangen! Da sind Nico und Juanita, die am Donnerstag mit dem Bus nach Finisterre fahren und abends tief beeindruckt zurückkommen, da ist Steve, der für meinen Geschmack etwas zu viel redet, sonst aber ein netter Kerl ist, der immer etwas zu lachen hat und sein Fahrrad verkaufen möchte, da er nun, wie er sagt, für die nächsten Jahre genug hat vom Radfahren … Da sind Marion und Stefan, das kanadische Geschwisterpaar, die am Donnerstag auf den Zug müssen und sich wort- und tränenreich von allen verabschieden. Da ist der kräftige junge Spanier mit dem klaren, stillen Gesicht, den ich in Villafranca und Cebreiro kaum beachtet hatte, nur eben dies klare, offen-starke Gesicht hatte mir gefallen. Ich bin gerade im Seminario, als er aufbricht, um weiter nach Finisterre zu wandern. Er reicht mir die Hand zum Abschied, drückt sie fest und sagt langsam, in schwerfällig-suchendem Englisch, während er mich ansieht: »Adios! You are a wonderful singer! I liked your songs very much!« – ich weiß nichts von ihm, nicht seinen Namen, nicht, weshalb er auf dem Camino ist, nichts, aber er hatte mich in Villafranca del Bierzo singen hören, und vermutlich ist das eines seiner »Camino-Geschenk-Erlebnisse«, und ich bin froh, daß ich ihm, dem Unbekannten, dieses Geschenk machen durfte! Da ist »the Dutchman«, ein weißhaariger, furchtbar »großartiger« Radpilger, der einen so unaussprechlichen Namen hat, daß ihn alle kurz »the Dutchman« nennen, der in holperigem Englisch lautstark und dominierend diverse Theorien über die Jakobswallfahrt vorträgt, dabei einen roten Kopf vor Erregung bekommt, jedem so oft als möglich auf die Schulter haut, kurz, der viel Wind aufwirbelt, dabei aber ein ganz »harmloser« Kerl ist. Da sind so viele, die zu einzelnen Nächten und Stationen des Weges und nun zu den Tagen in Santiago gehören. Da ist natürlich auch Miguel. Am Mittwoch, schon am späten Nachmittag, gehe ich noch einmal zum Seminario hinauf, ich weiß selbst nicht genau, weshalb; aufs Klo gehen und Hände waschen könnte ich auch anderswo, ebenfalls den Stadtplan genau studieren oder mich ein wenig ausruhen – irgendwie aber zieht es mich hin. Ich bin kaum fünf Minuten da, als – Miguel ankommt! Nun weiß ich, weshalb ich heraufgekommen bin. Da steht er vor mir, legt am Bett gegenüber meinem stöhnend den Rucksack ab, grummelt etwas in seinen grauen Bart in seiner üblichen Weise und lacht mich an. In »unserer Art«, also sprachlich sehr schwer, verständigen wir uns ein bißchen, er erzählt von einer Heilquelle in Santa Irene, läßt mich aus seiner Flasche das wirklich sehr schmackhafte Wasser kosten … Er ist froh, endlich da zu sein, brummt er, und wieso ich so schnell gegangen sei, und wie es mir überhaupt gehe? Dabei sieht er mich an, als sei ihm so ein Mädchen wie ich überhaupt gleichgültig und er finde, es sei selbst schuld, wenn es nach solch langen, schnellen Marschtagen irgendwelche Beschwerden hätte, aber seine Augen sind gütig und besorgt …

Als ich dann abends zu spät ins Hotel zum Essen komme, werde ich von allen lautstark und fröhlich begrüßt, neben Miguel ist noch ein Platz frei. Es wird ein lustiges Abendessen, so viele auf einmal waren wir sonst nicht und werden wir auch am nächsten Tag nicht sein. Mit einem Mal nimmt Miguel meine Hand, betrachtet sie prüfend, schüttelt den Kopf – »mucho sol!«, zu viel Sonne, sage ich erklärend und zeige ihm auch die andere Hand. Er zieht bedächtig ein Fläschchen mit Kampferöl aus der Tasche und reibt mir jeden Finger einzeln ein, alle wunden Stellen, behutsam, ruhig, langsam und gründlich – es tut mir sehr gut, nicht nur das Öl, sondern auch einfach, daß und wie er es macht!

Noch später am Abend, meinem zweiten Abend in Santiago, sind wieder alle am Seminario, warten auf den Stufen, bis geschlossen wird und wir hineingehen müssen. Einige unterhalten sich in verschiedenen Sprachen; ich sitze für mich, sehe auf die Silhouette der Stadt im Abendlicht – wie schön! – und muß vor mich hin singen, ohne Worte, nur mit offenem Munde summen. Miguel, der eine Stufe tiefer sitzt, lehnt sich etwas zurück, um mich besser hören zu können. Wenn nicht alle anderen mit ihren Gesprächen wären, dann würde ich jetzt noch einmal den Stenka Rasin für Miguel singen, aber auch so ist es, als schenkte ich ihm noch einmal etwas von mir und als empfange er es wortlos und schweigend. Als die Tür dann geschlossen wird, steht er auf, wendet sich zu mir und hilft mir, mich zart am Arm stützend, beim Aufstehen …

Am nächsten Mittag bin ich um kurz vor zwölf wieder in der Kathedrale, ich will nur durchgehen, nicht noch einmal zur Messe bleiben. Wieder ist es so, daß ich nicht genau weiß, weshalb ich durch die Kathedrale gehen will – hinterher weiß ich es: Vorne, nahe dem Altar steht Miguel, hoch und aufrecht an eine der mächtigen Säulen gelehnt, ganz von Sonnenlicht beleuchtet, das genau ihm gegenüber durch ein Fenster in der Decke fällt. Ich komme aus dem düster-dunklen Seitenschiff und sehe ihn wie eine Erscheinung da stehen. Die Kathedrale ist voller Menschen, es sind viel mehr als am Tag zuvor, aber ich sehe nur Miguel, wie er da an die Säule gelehnt steht, ganz von Gold und Licht übergossen ... Langsam gehe ich auf ihn zu, erst als ich dicht vor ihm bin, sieht er mich, lächelt mir entgegen. Wir wechseln nur wenige Worte, ich stehe vor ihm im Licht, gehe dann weiter, durch das Pórtico de la Gloria aus der Kirche hinaus. Als ich einige Zeit später zum Seminario hochkomme, da entdecke ich, daß Miguels Sachen schon fort sind; er ist also nach der Messe gegangen – neben meinem Bett steht das Fläschchen mit Kampferöl wie ein letzter, lieber Gruß. Zuerst bin ich traurig, daß wir uns nicht verabschieden konnten – wieso hat er in der Kathedrale nicht gesagt, daß wir uns danach nicht mehr sehen würden? Aber dann bin ich froh – wie hätten wir uns auch voneinander verabschieden sollen? Ich werde ihn so in Erinnerung behalten, wie ich ihn zuletzt sah: in Santiagos Kathedrale an der Säule stehend, vom Gold des Sonnenlichtes umflutet und darin eingehüllt, und das Ölfläschchen werde ich mitnehmen als das Kostbarste, was ich aus Santiago mitnehmen kann auf das Ende des Camino. Es ist wohl ganz gut, daß diese rätselhaft-tiefe und beglückende Begegnung so formlos und überraschend, wie sie begann, auch wieder auseinanderging ...

Am Donnerstagabend sitze ich noch einmal auf dem Kathedralenplatz, wechsle nur nach einer guten halben Stunde die Seite, um wieder in der Sonne zu sitzen und um die Kathedralenfassade aus einer anderen Perspektive zu betrachten. Wieder und immer wieder und wieder diese Türme vor dem tiefblauen Himmel aufsteigen sehen, die Leute beobachten – das ist genug. Ich fühle mich wie ein Schwamm, der sich mit der seltsam-besonderen Atmosphäre dieser Stadt vollsaugt – und ich werde seltsam zeitlos dabei ... Ein Radfahrer kommt über den Platz, langsam, unzielstrebig, schulterlanges blondes Haar, ein rotes Band um die Stirn; ich entdecke ihn gleich, rühre mich aber nicht, ich weiß ja, am roten Rock wird auch er mich bald erkannt haben und herkommen. Wieder hält Volker lachend vor mir. »Hast du noch nicht genug von diesem Platz?« fragt er. »Nein«, lache ich, »ich habe jetzt vieles erlaufen und gesehen in dieser Stadt, morgen geht es weiter nach Finisterre, heute abend will ich nichts, als hier noch einmal sitzen und schauen und eben im Herzen Santiagos sein!«

Auch an diesem letzten Abend noch irgendwo in einem gemütlichen Straßencafé mit einigen anderen ein Glas Wein trinken, auch dies gehört zu Santiago. Obwohl ich es schon nicht mehr geglaubt hatte, hatte ich doch irgendwo ganz tief drinnen gehofft, Jörg und Viola würden heute noch kommen – wie gerne ich gerade diese beiden noch einmal getroffen hätte! Nun zeigt sich also auch hier, daß uns der Abschied »erspart« geblieben ist, wir hatten uns morgens in Frómista in der festen Annahme getrennt, uns »spätestens in Santiago« wiederzusehen.

Es sind eben »Camino-Bekanntschaften«, tiefe Begegnungen oder lockere, immer aber ein Auseinandergehen ohne Adressenaustausch, im Wissen, sich vermutlich nie wieder zu sehen. Man wünscht sich »Alles Gute!« und weiß erst hinterher, wann man sich zuletzt sah. So waren Susanne und ich in Rabanal auseinandergegangen – ohne zu wissen, daß es das letzte Zusammentreffen war – Jörg und Viola blieben in Frómista, Miguel in der Kathedrale, es gab wenige »bewußte Abschiede« …

36. Das Ziel oder: Im Westen versinkt die Sonne im Meer

Von Santiago nach Finisterre

Daß ich von nun an wirklich alleine gehen werde und auch der Teil des Camino, den Weggefährten mehr oder weniger stark begleiteten, vorüber ist, das weiß ich, als ich mich am Freitagmorgen von Nico und Juanita verabschiede, ehe ich aus Santiago hinausgehe. Noch vor zwei Tagen hatte ich mich richtig merkwürdig gefühlt, da alle wieder heimfuhren oder -flogen von Santiago aus, es für mich selbst jedoch »nur« einen Punkt auf dem Wege bedeutete, nicht aber sein Ende …

Heute in der Früh erwachte ich mit großer Freude: es ging wieder weiter! Santiago war sehr schön, ja, meinem Körper hatte die Ruhepause sehr gut getan, aber jetzt wurde das Leben endlich wieder »normal«, es ging zurück »auf die Straße«, weiter nach Westen, und ich fühlte mich tief glücklich darüber, daß ich noch nicht am Ziel war, sondern weitergehen durfte.

Nun bin ich wieder allein und habe all mein Hab und Gut auf dem Rücken und die Muschel um den Hals und ziehe aus Santiago hinaus, so wie ich auch aus jeder anderen Stadt auf dem Camino hinausging …

Die Sonne brennt unbarmherzig. Ich marschiere an der großen Straße entlang bis Bertamirans, dann an einer etwas kleineren bis Negreira – sehr lustig ist das nicht, denn die Straße hat so gut wie keinen Rand, ist aber von mannshohem Stechginster wie von einer Mauer begrenzt, so daß ein seitliches Ausweichen nicht möglich ist, und oft kommen die Autos dicht und schnell!

Irgendwie schlage ich mich in Richtung Olveira durch und dann, schon im Abendlicht, Richtung Hospital. Immer der Sonne nach, noch über einen Bergrücken, die ermüdenden Serpentinen liegen bereits im kühlen Schatten, erst oben am Gipfel erreiche ich die Sonne noch einmal – ich fühle mich, als hätte ich ein Wettrennen gewonnen …

Mit Hilfe ewig häufigen Fragens, mit viel Phantasie, manchem »Umweg« und natürlich unter der Devise: »Immer nach Westen!« komme ich am nächsten Tag mühsam vorwärts. Die letzte Nacht verbrachte ich am Ortseingang von Hospital in der offenen Garage eines leerstehenden Hauses. An der Wand entlang lag harzig duftendes Holz aufgeschichtet.

Jetzt lockt mich das Meer – es hat dieselbe magische Kraft, mit der zuvor Santiago zog und lockte. Und dann komme ich aus dem Galicien, das ich auch schon von der Zeit vor Santiago kannte, dem Galicien mit Ginster und Eukalyptus, sozusagen ohne Vorwarnung ans Meer. Urplötzlich stehe ich bei Cee, in der Nähe des dreckigen Industriehafens, am Meer, wo es Muscheln gibt, bunte Boote und blaue Wellen … Schön ist es hier allerdings nicht gerade, dafür habe ich noch nie gesehen, wie bei Ebbe Menschen jeden Alters bis zu den Knien im flachen Wasser stehen und Muscheln »ernten«, die in sogenannten Kolonien – hölzerne Plattformen mit Drahtgestellen – gezüchtet werden.

Jetzt bin ich im Bereich der »rías«, der »ertrunkenen Buchten«, die sich fjordähnlich ins Land hineinziehen. Gott habe sich, so die Legende, nach der Erschaffung der Welt etwas zurückgelehnt, um sein Werk genau zu betrachten – da wo er seine Hände hinter sich aufstützte, hätten sich im noch weichen Erdboden seine Finger eingedrückt – so entstanden die rías, die ertrunkenen Buchten, die sich weit ins Land hineindehnen und in denen die Gezeiten so stark sind, daß es in jedem kleinsten Bach noch zu spüren ist. Zwar werde ich die rías erst später richtig in all ihrer Schönheit kennenlernen – bei Pontevedra, bei Orense … – aber schon jetzt zieht sich die kurvenreiche Straße ewig hin: immer noch einmal um eine Bucht und noch einmal und wieder ein kleines Dörfchen und wieder Kiefern über blauem Atlantik. Alles bergig und uneben – kleine Sandstrände wechseln mit steilabfallenden Klippen, Kiefern, Lorbeer- und Eukalyptuswald. Ich schleppe mich dahin, irgendwann nur noch von dem einen Wunsch beseelt, das Ende der Welt endlich zu erreichen; es ist wirklich ein Gang zum »Ende der Welt«, da er sich so unerklärlich endlos hinzieht! … Auch bin ich schon wieder müde vom Marschieren, von Santiago bis Finisterre sind es auch noch einmal an die 80 Kilometer.

Kurz vor Finisterre bade ich dann an einem der Strände, das Wasser ist noch sehr kalt, aber gut und erfrischend. Ich werde noch an verschiedenen Stränden Galiciens in der Sommerhitze schwimmen – aber nie wieder wird es so sein wie das erste Mal: so erfrischend, reinigend und fast »heilig« – wieder einmal fällt mir kein anderes Wort ein für dieses Gefühl, daß hier alle Handlungen Symbolkraft haben, natürlich auch das erste Schwimmen im Atlantik Galiciens. Ich muß daran denken, wie Viola – am Beginn unserer Pilgerschaft – erzählt hatte, daß die Muschel das Zeichen dafür sei, daß der Pilger sich reingewaschen habe …

Gegen halb sieben bin ich in Finisterre. Ich bin enttäuscht von dem schmutzigen, nicht sonderlich anheimelnden Ort. Hier habe ich hergewollt? Der Hafen ist recht nett, aber ich werde erst in Padrón, dem römischen Iria Flavia, wo das Boot mit Sankt Jakobs Leichnam gelandet sein soll, in Noya, auf dessen altem Friedhof sich rätselhafte, uralte Zeichen auf den Grabsteinen finden, oder in Muros die kleinen Küstendörfer Galiciens schön finden, in Finisterre halte ich mich nicht lange auf.

Schon den ganzen Tag, seit ich morgens aus meiner Garage gekrochen war, ging ein sehr heftiger Wind. Als ich mich nun aufmache, aus dem Ort hinaus, an der Kirche vorbei, noch die 3,4 Kilometer bis zum Leuchtturm zu gehen, da wird der Wind vollends zu richtigem Sturmwind. Ich muß mit dem Rucksack aufpassen, nicht auf die Straße oder über die Klippen geblasen zu werden ... Langsam, traurig und verzweifelt, mit stark schmerzenden Füßen gehe ich dieses letzte Stück meines Camino. Ich bin unzufrieden mit mir selbst, mit allem, finde es verrückt, solche unmöglichen Abenteuer zu versuchen, nur um dann irgendwann in einem schmutzigen Hafen zu stehen und »am Ziel« zu sein ... Was habe ich eigentlich von Finisterre erwartet?

Nach einer Biegung taucht der Leuchtturm weiß und massig in der Ferne auf, noch ein paar Kurven – und da bin ich. Natürlich sind einige Autos da, sogar ein Bus, aber wenigstens kein Hotel und kein großer Parkplatz; nur ein kleiner Kiosk, um diese Zeit schon geschlossen, ein Holzkreuz auf einer Klippe, der Leuchtturm mit seinem Haus und dann einige halbzerfallene, leere Gebäude einer ehemaligen Militärstation.

37. Nachspiel

Am Ende der Welt sitzt sie nun auf einem Felsvorsprung oberhalb des Leuchtturmes, bis sie ganz kalt und durchgeblasen ist. Sie kauert nur da, fühlt sich mit einem Mal leer und »am Ende«. Schweigend sieht sie nach Westen auf das offene Meer, weiß, daß sie da angekommen ist, wo schon viele ankamen vor ihr, weiß, daß hinter dem Horizont, den sie sehen kann, die »Inseln der Seligen« liegen, das keltische Avalon, das Jenseits, Atlantis ... hier, wo die Sonne im Meer versinkt, wo das Ende der Erde ist, selbst wenn man heute um Amerika weiß. Unter ihr die felsige Steilküste, ein bißchen Ginster an den Felsen, einige Möwen in ihrem Gleiten im Sturmwind, der auch ihr fast den Atem benimmt, weißer Gischt, wo Meer und Felsen aufeinander treffen, ein bißchen vorgelagert dem letzten Felsenzug noch ein kleiner »Klippenberg« in der Flut. Die Sonne nähert sich mehr und mehr dem Meer ...

Sie muß daran denken, wie Irmtraud in jener Nacht in der Einsiedlerhöhle im Tal des Schweigens die Flasche erhoben hatte und, ehe sie trank, feierlich sagte: »Auf alle Peregrinos, die in Finisterre ankommen!« – wie lange lag das zurück? Es gehört schon zu einem anderen Teil des Weges, einem, den Gefährten begleiteten, der in einer düsteren Klosterkirche begann und in Santiagos lichtdurchfluteter Kathedrale endete; nun ist sie wieder allein, in der Natur angekommen, in der es keine Kathedralen gibt, keine Reliquien und keine Refugios – noch nie erschien ihr der Gedanke so absurd wie heute, eine Stadt könne Ziel und Ende eines solchen Weges sein ...

In einem der halbzerfallenen Häuser rüstet Anna sich zum Schlafen, zitternd vor Müdigkeit, Kälte und innerer Erschöpfung. Es ist sehr dreckig und nicht gerade gemütlich, der Wind heult und pfeift durch all die offenen Fenster- und Türhöhlen.

Während der Himmel über dem Wasser langsam rot und röter wird, kauert Anna an der Fensteröffnung, die nach Westen hinausgeht. Eingerahmt von dem dunklen Steinmauerviereck »ihres Fensters«: einige niedrige Kiefernzweige im Vordergrund, vom Sturmwind bewegt und gebeugt, einige Gräser, hin- und hergewiegt, dahinter zwei Felszüge, zum Meer abfallend, dem hinteren noch eine kleine »Felsinsel« vorgelagert, dann gibt es nichts mehr als Wasser, blau und blau bis zum dunst-blauen Horizont, der im fahlen Lichtschimmer verschwimmt, weißer Schaum an den Felsen, über allem der Himmel, blutrot und gold-leuchtend, mit der Zeit blasser werdend, zartrosa hingehauchte Wölkchen, Farbstreifen, irgendwann der erste Stern dazwischen. Langsam, endlos langsam verblaßt all das, wird es unmerklich immer dunkler und dunkler … Anna hat kein Gefühl mehr für die Zeit, während sie steif und durchfroren Stunde um Stunde kniet, um das letzte und größte Geschenk ihres Caminos entgegenzunehmen: den Sonnenuntergang am Ende der Welt. Dies ist das »Ziel«! Hier ist sie angekommen, nach fünf Wochen und rund 1000 Kilometern …

Plötzlich steht groß und unverlierbar der »Befehl« in Anna auf, der einst von einem Engel dem Feldherrn Josua am Vorabend einer großen Schlacht gegeben wurde: »Siehe, ich habe dir geboten, daß du getrost und unverzagt seiest!« So oft auf dem Weg und gegen sein Ende hin immer mehr, hatte sie gefühlt, daß es eine andere Art von Mut und Tapferkeit kosten wird, wieder nach Hause zu gehen, als alleine nach Santiago zu pilgern, was doch alle immer so bewundernswert fanden; und nun ist dies eine Stunde, in der Anna keine Antworten auf große oder kleine Fragen findet, sich keine Entscheidungen der Zukunft mit einem Mal erhellen, in der es aber leuchtend in ihr steht, als hätte es die untergehende Sonne, der sie so weit als möglich gefolgt war, in ihr Herz gebrannt: »Siehe, ich habe dir geboten, daß du getrost und unverzagt seiest!« – das ist eher ein Befehl als eine Verheißung!

Inzwischen schimmern Sterne vor ihrem Fenster, genau in der Öffnung der große Wagen, dazwischen geistert der fahle Schein des Leuchtturmes in regelmäßigen Abständen vorüber.

Erst im Schlafsack wird Anna langsam wieder warm, ehe sie endlich todmüde einschläft …

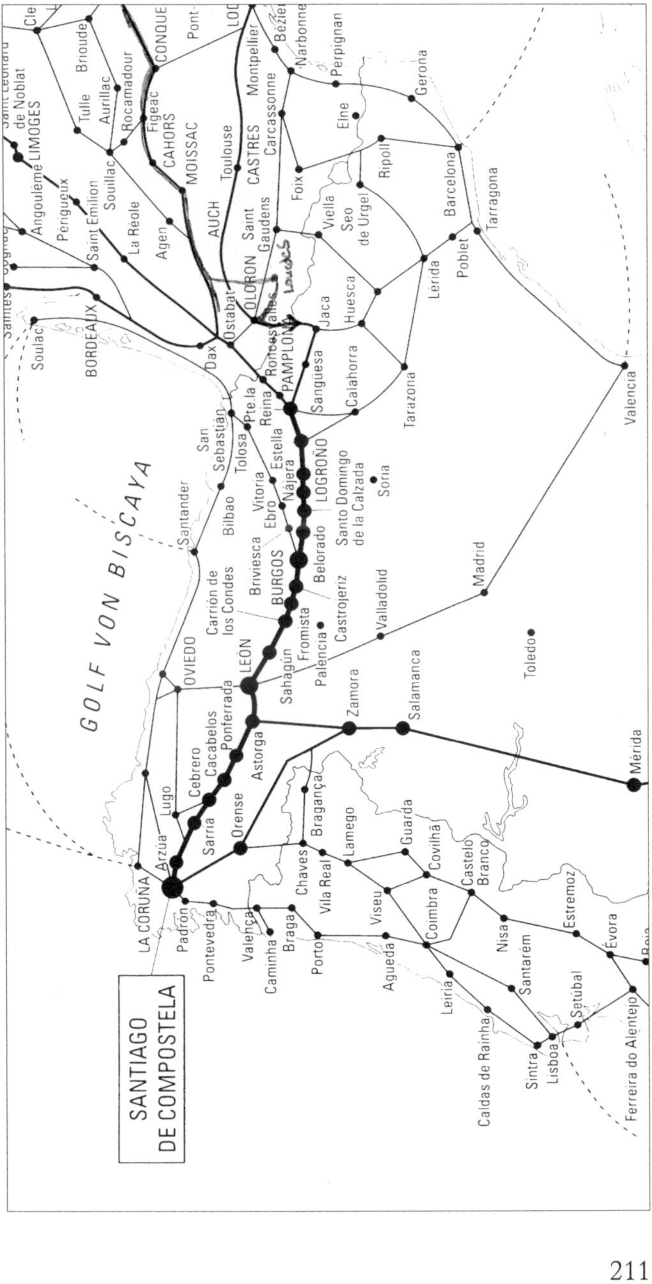
SANTIAGO
DE COMPOSTELA
GOLF VON BISCAYA
LA CORUÑA
Padrón
Pontevedra
Valença
Caminha
Braga
Porto
Agueda
Leiria
Caldas de Raínha
Sintra
Lisboa
Setúbal
Ferreira do Alentejo
Évora
Estremoz
Nisa
Santarém
Coimbra
Viseu
Vila Real
Chaves
Lamego
Guarda
Covilhã
Castelo
Branco
Bragança
Orense
Arzúa
Sarria
Lugo
Cebrero
Cacabelos
Ponferrada
Astorga
OVIEDO
LEÓN
Sahagún
Fromista
Palencia
Carrión de
los Condes
Castrojeriz
BURGOS
Briviesca
Belorado
Santo Domingo
de la Calzada
Ebro
Vitoria
Nájera
LOGROÑO
Estella
Pte.la
Reina
Tolosa
San
Sebastián
Bilbao
Santander
PAMPLONA
Sangüesa
Roncesvalles
Ostabat
Dax
Soulac
BORDEAUX
Saintes
Saint Emilion
La Réole
Agen
Souillac
Périgueux
Angoulême
LIMOGES
de Noblat
Tulle
Brioude
Aurillac
Rocamadour
Figeac
CAHORS
MOISSAC
AUCH
OLORON
Saint
Gaudens
Toulouse
CASTRES
Carcassonne
Montpellier
Béziers
Narbonne
Perpignan
Elne
Foix
Viella
Seo
de Urgel
Ripoll
Gerona
Barcelona
Tarragona
Poblet
Lérida
Huesca
Jaca
Calahorra
Tarazona
Soria
Valladolid
Zamora
Salamanca
Madrid
Toledo
Mérida
Valencia